Fortfarande Inte din farfars "AS/400"

Fortfarande Inte din farfars "AS/400"

Varför IBM i är - kanske den bästa - plattformen för moderna affärssystem

Förlag BoD – Books on Demand, Stockholm, Sverige Tryck
BoD – Books on Demand, Norderstedt, Tyskland ISBN
9789176994382

Innehåll

Fortfarande...

Förord

När jag släppte ut den första upplagan av den här boken för litet mer än fyra år sedan var det som ett debattinlägg och som ett försök till undervisning om vad IBM-i verkligen är och kan.

Det fanns och finns fortfarande rätt många missuppfattningar om maskinen och operativsystemet som i sin tur gör att det hela uppfattas som ålderdomligt och "ute" – något som inte kunde ligga längre från verkligheten.

Jag har jobbat i flera av de team – i Sverige såväl som i utlandet – som hör till de som känner IBM-i bäst (dvs den maskin som för en mycket lång tid bakåt i historien var känd som AS/400). Vi har i alla dessa konstellationer med stor förvåning sett en egendomlig trend att byta ut denna maskin mot "någonting annat".

Förvåningen beror på att det ytterst sällan finns någon rationell anledning till bytet, att allt man vill göra går att göra med den maskin man redan har, till lägre kostnad, med högre prestanda och med en högre grad av säkerhet (data likväl som drift).

I vissa fall har man fattat beslutet för att "allt ska vara i Windows" som om ett operativsystem (som dessutom byter skepnad av och till) skulle vara en grund till strategiskt beslut. I synnerhet som man i den miljön får "shoppa runt" för att komplettera operativsystemet med databas, säkerhetssystem och mycket annat.

I denna upplaga har jag lagt till en hel del nytt material samtidigt som jag valt att plocka bort somligt som fanns med i den första utgåvan.

Ur detta fick jag tanken på att framställa en sorts vitbok som presenterar fakta och argument som visar IBM-i som det fantastiska system det är. Jag har stöd för det jag skriver här inte bara i egna erfarenheter utan också i detaljerade analyser avseende i synnerhet ekonomi och säkerhet som gjorts av oberoende utredningsinstitut.

De resultat som man kom fram till 2015 gäller faktiskt i ännu högre grad idag.

Vad har jag för intresse i detta?

Just genom en långvarig erfarenhet av (och förhoppningsvis vidhängande djup kunskap) kring allt som rör IBM-i (åter en påminnelse om att långt i historiens mörker finns anfadern AS/400) är jag och många med mig förvånade över att företag synbarligen utan rimlig anledning flyttar sig från miljön.

Slutsatsen är att det är ett misstag. Ett stort! Och dyrt!!

OK jag får erkänna att jag i mitt eget företag jobbar med utveckling för och utbildning om den här datormiljön. Men jag säljer inte maskiner eller sådant.

Men förhoppningsvis vet jag fortfarande vad jag pratar om!

Karlpersåker 2019
Åke H Olsson

Den här skriften riktar sig till

Dig som är beslutsfattare i ett företag (eller annan organisation) och som:

1. Just nu har IBM-i och som
2. Överväger att ersätta med "något annat".
3. *Eller* – (grattis i så fall) som har en annan datormiljö och funderar på om IBM i kanske kan vara något alternativ att byta till.

Om punkt två inte stämmer på just dig – fortsätt att läsa ändå, du kanske kan hämta in kunskaper som du kan dela med dig till kollegor i andra företag.

Självklart blir man då och då

Eller rätt ofta sugen på att byta ut

- Sin bil mot en bättre och nyare
- Sin "signifikanta hälft" på samma kriterier
- Sin bostad mot en större, vackrare och bättre belägen
- Och kanske datorer och datorsystem av skilda slag på någon sorts kriterier

Men att byta kanske inte är den enda eller ens bästa lösningen.

Man kan ju göra som Jay Leno gör med sin Volvo Amazon kombi - piffa upp den ordentligt.

Men nu ska vi hålla oss till datorer!
Och låt oss börja med att göra en kort lista på vilka egenskaper som är viktiga:

Den måste först om främst klara av jobbet vilket betyder att:

- Den måste ha kapacitet för att bearbeta allt data man skickar in i den
- Den måste kunna lagra allt data på ett vettigt (och effektivt) sätt (och inte tappa bort dem)
- Den måste kunna utföra alla uppgifter som man vill att den ska klara

- Den måste vara tillförlitlig och tillgänglig

- Den måste vara väldigt säker så att data inte kommer på vift eller att maskinen drabbas av virus eller ransomware

- Den måste vara ekonomisk i inköp, drift och underhåll

Dessutom ska den kunna hantera nya typer av arbetsuppgifter, integrationer, periferienheter med mera som kan komma i framtiden.

Och var kommer IBM-i in i detta?

Nu ska jag försöka beslut att kasta ut den visa varför IBM-i på varje punkt uppfyller de allra högst ställda kraven enligt listan ovan och varför ett byte kanske inte är särskilt väl genomtänkt.

En "maskin – och ändå inte!

AS/400 – det var en dator det! Och det var iSeries också – i båda fallen för riktigt länge sedan.

Men IBM i är egentligen inte någon dator alls!

IBM i är <u>ett</u> av flera möjliga operativsystem som man kan "stoppa" in i IBM:s maskiner av familjen "Power Systems". Andra alternativ är Linux och Unix.

Power står för den processorfamilj som finns i hjärtat av hårdvaran. Den (just nu) senaste versionen är Power-9 som har imponerande prestanda.

Men operativsystemet IBM i blir som en virtuell dator, med inbyggd databas som körs i godtycklig variant av IBM Power.

Myter kring IBM i

Det finns ganska mycket – mindre välgrundade – uppfattningar kring denna datormiljö. Ofta framförda med hög och stadig röst och tydligt pekande med hela armen.

Ofta grundar det sig på missuppfattningen att inget har hänt med teknik, funktionalitet eller prisbild sedan "ur-AS/400" kom för över 25 år sedan.

Kanske känns några igen:

Myt 1: Den är gammaldags rent tekniskt

Sanningen är att helt ny processorteknik har införts vart tredje år ända sedan 2001.

Nu är vi inne på Power9 som är dubbelt så snabb som Power8 som är....

Nya funktioner har kommit till IBM-i före de flesta konkurrenter (som 64-bitars bearbetning ända sedan 1995).

Om man undrar över vad den kan klara kan man titta på den berömda "Watson"-maskinen som besegrade Jeopardy-stormästare. Watson körs på IBM Power!

Många använder fortfarande namnet "AS/400" om det IBM-system som nu heter IBM-i. Det reflekterar mer de som använder namnet än vad det gör med datorsystemet.

Det är litet grand som om man envetet höll fast vid att
använda ordet aeroplan när det egentligen heter flygplan
idag.

Men grundfrågan kvarstår: Finns det något gammalmodigt i
systemet som sådant?

Om man tittar på själva maskinen "Power Systems" som
delar teknik med andra IBM-produkter (t.ex. det som förut
hette RS6000) så har den processorer med allra senaste
teknik.

Det är en 4 GHz 12 till 24 - kärnig processor med 8 "trådar"
per kärna. Om man begriper sig på sådana mätetal som
handlar om nanometer etc. så finns det massvis med
information om alla detaljer.

Det som är summan av det hela är att i ett standardiserat
prestandatest så är en IBM Power minst dubbelt så snabb
som den snabbaste uppsättningen med Intel teknologi.

Vid jämförelser mellan maskinmodeller använder man ett
index som kallas "CPW" - Commercial Processing Workload.
De tidiga AS/400 hade värden mellan 2.0 och 20.0 på denna
skala.

Dagens toppmodell har enligt samma sätt att mäta ett värde
på nära 295-tusen! En blygsam mellanmodell (beroende på
en del val) någonstans mellan 16-tusen och 60-tusen.

Visst har det hänt mycket med tekniken.

Även med lagring har det skett en hel del. SSD-diskar
(snabba och utan rörliga delar) går att koppla in för just
sådant som man vill ha extra snabb åtkomst till.

Minneskapaciteten har ökat. Toppmodellen B70 hade en
maximal primärminneskapacitet på 192 megabytes.

I dag har en mellanmodell mellan 1 och 4 terabyte
primärminne. Åtskilligt mer i större modeller. Det finns plats
att växa.

Så summan av kardemumman:

- Ett integrerat system med processorkapacitet som är i
  framkant, med rejäl kapacitet att hantera kommersiell
  last och där man kan ladda på så pass mycket
  primärminne att hela databasen om man så önskar
  kan parkeras där.
- Lägg sedan till alla integrationsmöjligheter,
  anslutningar etc. som också hör till hårdvarubiten.
  (Mycket inriktat på säkerhet, spegling, checksum mm).

Nej - det här är inte gammaldags.

(Och när man pratar om hur gamla olika operativsystem är:
Titta på ursprunget till kärnan för Windows, Unix och IBMi!

Du kommer att bli förvånad över vilket som egentligen är nyast!)

Myt 2: Man kan bara köra applikationer med "grönskärm"

Eller som man ibland kallar det "svarta hålet"...

Sanningen är att det finns massvis med sätt (varav en del mycket enkla) som kan användas för att öppna upp för att köra hela systemet via grafiska användargränssnitt (= Web Browser).

Man kan också skapa Web-services (funktionalitet tillgänglig via HTML) för funktioner, köra systemen via "paddor" och smarta telefoner med mera.

OK - grönskärm är fortfarande ETT sätt att kommunicera med maskinen, men det är långt ifrån det enda och inte ens det primära.

Man kan faktiskt använda egentligen vilka enheter och utvecklingsverktyg som helst. Och i dag är det ett grafiskt användargränssnitt som gäller.

Man kör systemet (och styr det) via verktyg i Windows-miljö, via webgränssnitt. Man utvecklar med PHP, Json, Ruby-on-rails, Java, Node.Js och Python.

Och allt är fortfarande integrerat stabilt och säkert.

"Svarta hålet" är faktiskt historia - även här.

Myt 3: Företag flyr maskinen

Sanningen är en annan. Bara fyra % av befintliga kunder funderar på att lämna plattformen. Sextiofyra % uppgraderar varje år. Tjugoåtta % kör vidare med befintlig maskin. Tre % funderar på att köra vidare men utan att ha egen drift i huset.

Det som hänt är att det blir färre *fysiska* maskiner eftersom varje maskin kan delas upp logiskt ("partitioneras") i flera. Dessa virtuella maskiner delar processorkapacitet och andra resurser men kan isoleras effektivt från att påverka varandra beroende på belastning med mera.

Jag har själv en egen "virtuell" maskin som delar skall med hundratals (eller tusentals) andra någonstans ute i världen.

En drivande faktor bakom partitioneringen är just att tekniken bakom nu har så mycket oomph att det fungerar alldeles utmärkt att dela upp maskinen i flera virtuella.

Det finns branscher och sektorer där IBMi är riktigt dominerande. Det gäller bank och finans (kan det bero på att systemet är stabilt och säkert mot intrång och manipulation???). Men finansiella institutioner trumpetar inte direkt ut att det är detta de kör på. De ser det gärna som sin lilla affärshemlighet. Det gör i sin tur att det dessvärre blir litet tystare kring IBM-i.

En annan bransch är spelbranschen. Besöker du Las Vegas så kan du vara rätt säker på att majoriteten av dina speltransaktioner går genom IBM i system. Skyll bara inte på maskinen för att du förlorat pengar i spelhallarna...

Det som händer är att man kör vidare i systemet men kanske inte alltid har egen maskin i huset. Med dagens teknik för datakommunikation - samt den virtualiseringsmöjlighet som finns - kan man till och ha sin maskin "on-tap" dvs man betalar för utnyttjandet av en virtuell maskin som finns någonstans i världen.

Säkerhet

Oavsett hur man ger sig till att mäta visar det sig att IBM i är det säkraste system man kan tänka sig.

Säkerheten är helt inbyggt i den integrerade arkitekturen.

Alla typer av objekt måste skapas med de metoder som är bestämda för syftet - ett program kan inte skapas som en textfil, bildfil eller liknande för att sedan döpas om.

Varje process har sin egen skyddade miljö.

Operativsystemet är oåtkomlig för ändringar utanför reglementerade metoder.

Detta är en del av säkerheten - skyddet mot intrång och manipulation av olika slag.

En annan sida är skydd av data mot haverier och "krascher". Statistik över sådana störningar och problem visar även här på fördel IBMi.

Utifrån de behov man har (och givetvis den investering man vill göra) kan man åstadkomma precis så hög skyddsnivå man vill.

En nyhet i operativsystemet (version 7.4) är särskilt stöd för avbrottsfri drift.

Det kallas DB2 Mirror och har som syfte att stödja just "24/7" lösningar. Ersätter inte disaster recovery lösningar men är väl värt att överväga om man har sådana behov.

Om vi jämför mer Microsoft® Windows Server® (kallas "MS" här nedan) och letar efter säkerhetsläckor så har

MS: 159 totalt

Varav 39% mycket eller extremt kritiska

Och 2% är ännu inte lösta

IBM-i 10 totalt (release 6)

Varav 0% mycket eller extremt kritiska

Och samtliga lösta

I nuvarande release (7.3) finns inga anmälda problem med säkerhet.

Tänk exempelvis på fallen med "ransomware" som mer eller mindre lamslog ett antal stora företag och institutioner för något år sedan.

Detta möjliggjordes genom att skadlig programkod kunde lirka sig in genom något så enkelt som en länk i ett mail. I en IBM i hade det inte kunnat hända i och med den strikta kontrollen på hur programobjekt skapas.

Myt 4: Den är väldigt dyr

Det kan ha varit så i en datorteknisk urtid. I dag stämmer detta helt enkelt inte. Oavsett om man tittar på anskaffningskostnaden eller på den löpande kostnaden är IBMi inte dyrare än de alternativ som generellt diskuteras. Faktiskt en hel del billigare!

Det kan medges att för 20 år sedan så var disk, minne och processorkapacitet en hel del dyrare hos IBM än i betydligt enklare system (Windows-Unix etc.). Men det berodde i sin tur på att det krävdes litet mer av hårdvaran också.

I dag är prisskillnaden mer eller mindre utraderad.

En del av kostnaden ligger också i sådant som är inbakat:

Mycket som man måste skaffa separat (och betala separata licenskostnader för) i andra miljöer ingår i paketet från början.

Lägg därtill kostnaden för att uppgradera och administrera en uppsjö separata programprodukter i stället för ett sammanhållet operativsystem som innehåller all funktionalitet.

Man har alltid en högpresterande relationsdatabas, webbserver, spoolingsystem, säkerhetssystem med mera helt från början.

Lagring kostar de facto inte mer än motsvarande för andra system. Minne - samma sak.

Om man till det lägger det krafigt minskade behovet av dagligt "pyssel" - ett stort IBM i system med tusentals användare kräver inte mer än en eller två personer för daglig skötsel. Där ligger stora besparingsmöjligheter.

Hur ser kostnadsbilden då ut i jämförelse?

Anskaffningskostnader
- 18% lägre än Intel serverbaserade lösningar med Windows server och SQL databas
- 43% lägre än Intel serverbaserade lösningar med Linux och Oracle databas

Treårskostnad
- 55% lägre än Windows/SQL Server
- 60% lägre än Linux/Oracle

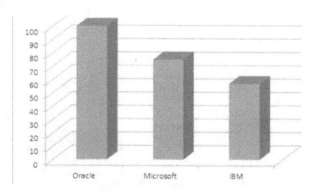

Värden som består

Det finns ett antal värden och egenskaper som finns kvar genom historien. Trots att det inte finns en skruv, komponent eller kodrad kvar sedan den ursprungliga AS/400.

Sådana värden och egenskaper är till exempel:

- Maskinvaran och operativsystemet är helt åtskilda. Det är så att "Power systems" finns i rätt många storlekar och utföranden. Tekniskt sätt på "chipnivå" kan de skilja sig en hel del. DÄREMOT kör de exakt samma variant av operativsystemet för IBM i. Detta fungerar eftersom operativsystemet ALDRIG "pratar med" hårdvaran. Det pratar med en virtuell maskin som presenteras av ett hårdvaruinterface "SLIC" som i sin tur totas ihop för varje modell.

- Det är sådant som gör att teknikskiften på chipnivå inte påverkar vare sig operativsystemet eller tillämpningarna. Om processorerna blir 128-bitars eller 256-bitars spelar ingen roll. Allt fungerar plötsligt (efter uppgradering av hårdvara och SLIC) fullt ut i 128 eller 256 bitar eller vad man nu bygger om till. Det är definitivt inte fallet i andra miljöer! – Men kolla gärna...

Databasen

Återigen finns det myter och missuppfattningar.

Det vill säga – riktigt mycket att ställa till rätta.

Det finns i synnerhet åtta missuppfattningar som rör databasen i IBM-i (databasen heter för övrig DB2-for I).

Jag listar dessa här nedan:

Funktioner

Myt-1: Det finns inte de funktioner vi behöver
Sanning-1:
- DB2 for I stödjer fullt ut standarder ISO2011 och ANSI2011 för SQL.

- Inkluderar fullt funktionellt standard SQL programmeringsspråk i tillägg till ett rikt mått av accessmöjligheter för data.

- Stark på transaktionshantering med stor dataintegritet.

- Innehåller funktionalitet särskilt lämpad för data-warehouse och BI:

- Encoded vector index

- LPG teknologi

- SMP parallellism

- Självlärande – skapar automatiskt index som behövs för förbättrade prestanda.

- MQT summatabeller

- Stöd för "In memory database"

- XML-hantering direkt i databasen

- Stöd för "temporal" databas medger fråga på status vid olika tidpunkter bakåt i tiden.

Kapacitet

Myt-2: Databasen kan inte hantera våra volymer när vi växer.
Sanning-2:
- Möjlighet att ha 435 Terabyte data och/eller 1100 miljarder rader ("records") i en enda tabell ("fil")!

- Kan utnyttja alla tillgängliga processorer samtidigt för att processa en SQL sats genom "symmetric multiprocessing".

- Eller köra tusentals SQL-frågor samtidigt

- Eller mixa och matcha

Hanterlighet

Myt-3: Andra databashanterare är enklare att underhålla och sköta.

Sanning-3:

- En av de absolut enklaste databashanterarna att drifta.

- Blir aldrig "korrupt" (som SQL server. En Google sökning på "SQL Server corruption" ger många hundratusentals träffar)

- Optimerar sig själv

- Skapar nya sökvägar vid behov

- Aldrig behov av "reorganisering av index"

- Kort sagt: Man behöver inte ha en DBA. (Men vill man trimma prestanda kan man låna in en DBE som gör analyser)

- Massvis med olika metoder för åtkomst av data

    o DRDA

    o JDBC

    o CLI

    o ODBC

    o .NET

    o PHP

- Varför pratar man i SQL Server om "farms"?

- Varför *krävs* en DBA för Oracle??

Verktyg

Myt-4: Det finns mer verktyg och hjälpmedel "på andra sidan"
Sanning-4:
- IBM Navigator (som ingår) innehåller massor med avancerade funktioner för hantering av och analys av databasen.
- Verktyg från Rational och InfoSphere finns tillgängliga från IBM
- Många 3:e parts lösningar.
- Plug and play via JDBC, ODBC och CLI

Marknaden

Myt-5: "Alla andra" byter
Sanning-5:
- Över 100-tusen företag använder IBM-i
- I 115 länder
- I praktiskt taget alla upptänkliga branscher.
- Men IBM har inte varit särskilt bra på att marknadsföra sig, och i synnerhet inte IBM-i!
- En orsak är också en effekt av att man lätt driver en IBM i miljö med väldigt liten personalstyrka – det finns färre "evangelister"! (Men envisa...)

Gammeldags

Myt-6: Det finns ingenting nytt i den. Det är gammalt.
Sanning-6:

- PowerSystems (där IBM-i ingår) använder den absolut senaste processorteknologin.

- DB2 For I inkluderar många unika IBM-patent varav de flesta fortsätter att vara världsledande:

- Automatisk kolumnstatistik

- Självlärande

- Automatiskt skapande av index

- LPG

- Encoded vector index

- JVM (Java) är den senaste från IBM research

- PHP finns fullt fungerande.

- Integrerade Web-server (som ingår!)

- OCH nya RPG i fullt fritt format!

Trovärdighet

Myt-7: Jag hör ingenting om IBM.
Sanning-7:
OK IBM har inte lyckats med budskapet.

Men kasta inte ut barnet med badvattnet för det!

När stora företag bestämmer marknadsföringsbudget för olika produktlinjer så satsar man generellt sett inte mest på produkter bara för att dessa har extremt hög funktionalitet och kvalitet.

Man satsar i stället på de linjer där man räknar med att hämta hem mest vinst.

Som många andra satsar IBM på att marknadsföra tjänster mer än produkter.

Men det betyder ju inte att produkterna är sämre – eller hur?

Kostnad

Myt-8: Det är mycket dyrare att stanna kvar i IBM-i
Sanning-8:

- Anskaffningskostnaden är18% mindre än WinTel+SQL Server och 43% mindre än en Oracle lösning.

- Kostnaden under tre år är 55% mindre än WinTel och 60% mindre än Oracle.

Och det beror mycket på att:

- Det krävs mindre personal för att hålla liv i det hela.

- Ökad tillgänglighet (mindre "strul") – vilket inte ingår i siffrorna ovan. Vad är den säkerheten värd?

Mer om

SQL Server Corruption

Berättelser från verkligheten

My SQL Server Database is Corrupt - Now What?!

"I was asked how often corruption really occurs in the real world.

My answer was, "hundreds to thousands of times every week across the world, in the tens

of millions of SQL Server databases.".

Every single week I receive multiple emails asking for some advice about corruption

recovery. When I'm teaching about corruption in our High Availability and Disaster Recovery

Immersion Event, I always tell the class that I expect every DBA to see database corruption

at some point during their career.

...

I'll end by saying this: if you think that corruption won't happen to you at some point in your

career, I think you'll be surprised. Be prepared!

Det finns inte ett enda motsvarande fall för IBM-i!

Onödigt pyssel

> "Thus, one of the most important and often-overlooked index tuning tasks is managing the index page's fill factor. In other words, when you rebuild or reorganize an index – putting its pages back in order so that SQL Server doesn't have to jump around – how much free space should you leave on each page?"

Det här är något som man vare sig kan eller behöver pyssla med på IBM-i

Databasen sköter allt sådant helt på egen hand.

Onödig kostnad

Man kan spara in kostnad för en DBA (något som man inte kan för en Oracle-lösning).

Om man nu ens kan lyckas rekrytera en DBA!

Vad är det värt?
Fundera själv!

Olika DB2?

DB2 finns för olika serverfamiljer. Något som man kan komma ihåg när det gäller produkten för IBM-i är att:

- Det är ingen separat produkt som ska köpas. Databasen ingår som en integrerad del i operativsystemet.

- Releasenumreringen är *inte* samma som för t.ex. stordatorversionen eller den för AIX. Inget att fundera över eller oroa sig för. Har man senaste IBM-i OS så har man senaste DB2 också.

- Åtkomst av data via "native" (read write) eller SQL.

- Stöd för nationella språkmiljöer

- Lätt att hantera och underhålla

- GUI för management via Navigator (Web eller Windows)

Några jämförelser

Hur stor del av ANSI standarden som stöds av olika
databashanterare

Begränsningar längder – volymer etc. i olika
databashanterare.

SQL ANSI Compliance

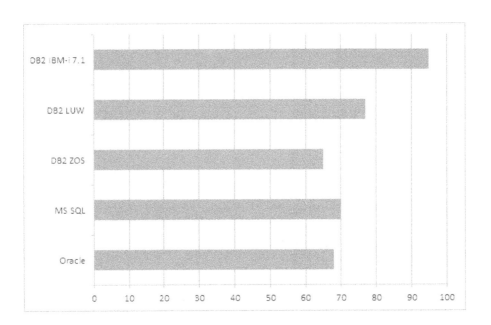

ISO/ANS Gränser

Databas funktionalitet	FIPS	Oracle 11G	SQL Server 2008	DB2 for I 7.1	DB2 LUW	DB2 Z/OS
Namnlängd	18	30	128	128	128	128
Längd Character var	240	2000	8000	32766	254	255
Precision NUMERIC	15	38	38	63	31	31
Precision DECIMAL	15	38	38	63	31	31
Precision INTEGER	9	38	10	10	10	10
Precision SMALLINT	4	38	5	5	5	5
Precision FLOAT	20	126	53	53	53	53
Precision REAL	20	63	24	24	24	21 (el 24)
Precision "DOUBLE"	30	126	53	53	53	53
Kolumner per tabell	100	1000	1024	8000	1012	750
Värden per INSERT	100	1000	1024	8000	1012	750
Längd per rad	2000	2000000	8060	32766*	32677*	32714*
Kolumner i UNIQUE constraint	6	32	16	120	64	64
Längd UNIQUE constraint	120	DB_BLOCK_SIZE	900	32K	8192	2000
Längd foreign key	120	DB_BLOCK_SIZE	900	32K	8192	2000
Kolumner i GROUP BY	6	255	Beror på längd	Beror på längd	1012	750
Längd för GROUP BY	120	DB_BLOCK_SIZE	8060	32766	32677	16000
Sort spec i ORDER BY	6	255	Beror på längd	Beror på längd	1012	750
Längd för ORDER BY	120	DB_BLOCK_SIZE	8060	32766	32677	16000
Kolumner i Ref.integr constr	6	32	16	120	64	64
Tabeller per SQL statement	15	Ingen gräns	Ingen gräns	1000	Ingen gräns	225
Öppna cursors	10	OPEN_CURSORS	2 gig	Ingen gräns	Ingen gräns	Ingen gräns
Rad i SELECT	100	1000	4096	8000	1012	750

Att minimera risker och kostnader
Några berättelser

Det kan ofta vara väldigt svårt att få fatt på verkliga fall där IT-projekt havererat på ett spektakulärt sätt.

"Crash and burn" scenarion med andra ord.

Detta beror på att det är väldigt sällan som man från företagens sida vill figurera med namn och foto i sådana här sammanhang.

När det gäller offentliga myndigheter och organisationer är det annorlunda. Genom offentlighetsprincipen kommer sådant här snabbt ut och hamnar i pressen.

Tänk på försäkringskassans mångmiljardrullning.

Eller försvarsmakten som gjorde av med miljarder också

I privat verksamhet ska det vara någonting alldeles extra för att det ska komma ut. Något i stil med Londonbörsens projekt Taurus (också miljarder i sjön). Alternativt att någon i projektet (anonymt eller inte hindrad av tystnadsplikt) släpper det hela.

När man tänker efter så innebär stora IT-projekt alltid en risk där man kan jämföra den beräknade (realistiska!) kostnaden mot företaget/organisationens ekonomiska bärkraft. Dvs "hur klarar vi oss om vi kastar dessa pengar i soporna?" och sen kan man jämföra de med den beräknande (realistiska) nyttan av projektet.

Samtidigt om ett projekt lovar en rent fantastisk nyttoeffekt för en i och för sig också stor kostnad så kan man alltid tänka på "Dala Djupgas" som också lovade mycket. Ett tag.

Sen är riskerna litet olika när det gäller projekt som ska tillföra någonting helt nytt jämfört med projekt som går ut på att ersätta befintliga kärnsystem med någonting helt nytt.

Ett utbytesprojekt är bland det mest riskfyllda man kan ge sig in på.

Svårigheten ligger bland annat i:

- Det är extremt betydelsefullt att man kan – i detalj – jämföra *varenda* funktion i det gamla systemet med motsvarande funktion i det nya systemet.
  - o Men det är inte säkert att man har allt dokumenterat på ett sådant sätt att det är särskilt lätt att jämföra.
  - o Sen är det också svårt att värdera hur pass viktiga sådana funktioner som saknas i det nya systemet-
  - o Eller att värdera vilken effekt som man kommer att få av sådant som i och för finns i både gammalt och nytt men där man ska arbeta med funktionerna på ett nytt sätt som kan förvirra användarna.

- o Den förvirring som kan uppstå som orsakas av funktioner som är med i det nya systemet men som man valt att inte använda.

- Om man dessutom byter teknisk plattform:

  - o Hur kan man värdera den kapacitet man behöver

  - o Behövs ny kompetens för drift och administration och går det att hitta den kompetensen? Räkna med att en databasadministratör "DBA" måste anställas per omgående till exempel. Räkna med att hantering av driftstörningar kräver helt ny kompetens.

- Att göra en sammanlagd kalkyl över:

  - o Risker

  - o Kostnad (här glömmer man oftast det mesta av kostnaden för att "lära om" stora mängder användare samt kostnad för felgrepp under igångkörningen)

  - o Vad vinner vi egentligen på den här stora ansträngningen??

Och ja – jag har varit med om ett sådant projekt där ett företag över en natt bytte:

- Ordersystem

- Lagersystem

- Ekonomisystem och reskontror.

I det här fallet överlevde företaget. De första månaderna efter bytet var som att åka med i en tornado men problemen löstes efterhand och man hade också fördelen av att systembytet innebar att det var ytterst få användare hade online-åtkomst före bytet så att det inte blev så mycket omlärning som behövdes i projektet.

Gartner rapporten

I en rapport från Gartner daterad 21 mars 2019 studerar man risker och konsekvenser av att lämna det man kallar "IBM Legacy Platforms" – exempelvis IBM-i.

Man tittar på bland annat besparing mot risker (kvalité t.ex.).

Om man ska "koka ner" rapporten till ett kortformat så innebär den att det finns en stor risk att man inte uppnår önskat resultat vare sig det gäller att byta datormiljö eller att byta system.

Det finns helt enkelt för många riskfaktorer som kan medföra störningar i verksamheten, felgrepp, saknade funktioner eller annat.

Det kan kanske förklara en del större projekt som gått totalt eller nästan totalt överstyr.

Här är några. Jag har anonymiserat en aning för att berörda inte ska känna sig utpekade. Det här kan vara ganska känsligt.

Industriföretag i södra Sverige

Man hade ett äldre system i IBM-i miljö som man hade utvecklat för ett antal år sedan tillsammans med ett annat företag i samma bransch.

Systemet underhölls och utvecklades sedan lokalt. Först med en liten intern IT-avdelning och senare via konsultföretag där den tidigare IT-chefen hade en roll.

En situation som inte är särskilt unik på något sätt.

Koncernledningen började så småningom ifrågasätta denna strategi och ett beslut fattades att gå över till ett större system med internationell profil men att hålla fast vid samma plattform.

Projektet kom att dra ut kraftigt i tiden och det blev – beroende på personalomsättning – svårt att hålla projektgruppen bemannad med rätt intern kompetens.

Samtidigt fanns det problem med den branschspecifika lösning som skulle kopplas på standardsystemet.

Efter några år och stora satsningar på projektet beslutades om nedläggning.

Av företaget.

Tyskt kemiföretag

Man hade i många år kört sina kärnsystem i IBM midrange. Först i AS/400 och sedan vidare.

Samtidigt hade man – som många andra – låtit systemen halka efter i underhåll och modernisering så att nya integrationer som CRM och webbutik blev litet krångliga.

Man ställdes inför ett val att modernisera de befintliga systemen eller byta till något nytt.

Man valde det senare och då ett system i Windowsmiljö.

Detta är ett företag med över 800 anställda och en omsättning på drygt 500 miljoner euro.

Driftstarten av det nya systemet har lett till stora problem för företaget.

Containers har bara kunnat fyllas till hälften genom att man inte kunnat få utleveranserna att fungera från systemet.

Speditörer har fått vänta. Man har fått skicka leveranser akut med flygfrakt.

Man har sett intäkterna minska med 30 procent – allt direkt relaterat till systembytet.

Nu hoppas man bara att kunderna står ut med störningarna till dess att man med stora insatser personellt och finansiellt ska komma tillbaka till det läge man var innan systembytet.

Tyskt detaljhandelsföretag

Man såg övergång till ett stort ERP system med internationell profil som vägen att gå för att framtidssäkra verksamheten.

Men med viss anpassning för att passa den affärsmodell man tillämpade. Bland annat med prissättning.

Nu har man – efter att ha lagt 500 miljoner euro på projektet beslutat sig från att skrota alltsammans och gå tillbaka till sitt ursprungliga system i IBM-i miljö.

Gemensamma nämnare?

Det finns två gemensamma nämnare för i princip alla misslyckade projekt för system och/eller plattformsbyte:

- Att man underskattar omfattningen och konsekvenserna av hela projektet.

  o Vilka funktioner innehåller egentligen den befintliga applikationen?

  o Vilka kopplingar (interna och externa) finns det?

  o Vad saknas i den nya applikationen och vad kommer det att innebära i tid och pengar att lägga till de funktionerna (om det ens är möjligt!)

  o Vad finns det i befintligt arbetssätt som inte stämmer med den nya applikationen? Är man villig att ändra arbetssätt och exempelvis metod för prissättning och rabatter och i stället anpassa företaget till den nya applikationen?

  o Om man byter hårdvaruplattform – vad får det för effekt på metoder för:

    ▪ Säkerhet: Backup, tillgång etc.

    ▪ Systemövervakning, prestanda

- Och att man överskattar vad man kommer att få fort och lätt med den nya applikationen.

Det finns ingen snabb och enkel lösning. Särskilt ingen som passar alla.

Jo kanske en:

Om man hittar ett standardsystem som verkligen är komplett (många paket har bara "skal" till flera centrala funktioner och förutsätter att man från detta skal bygger färdigt funktioner för sådant som order-entry, leverans och fakturering) **och** är villig att anpassa företaget till hundra procent till vad systemet innehåller – ner till layout på affärsdokument. I det fallet kan det gå lätt, när man ser till programvarusidan av ekvationen i alla fall.

Vid plattformsbyte: Kanske inte.

Men det är fullständigt begripligt att...
Man söker efter den där snabba enkla lösningen till ett problem som har uppstått under ibland flera tiotals år.

Det man har missat under hela den tiden är:

- Att anpassa programkod och databas till ny teknik när sådan kommit till plattformen.

- Att skaffa en "tillräcklig" översikt över vad systemet verkligen innehåller och alla beroendeförhållanden/kopplingar.

- Att kommunicera detta på ett sådant sätt att IT och företagsledning kan vara överens om vikten av att hålla den underliggande strukturen ordnad och modern.

Trots det kan faktiskt en generalrevidering av befintlig applikation bli en mycket säkrare lösning när man väger in alla risker för störningar i verksamheten vid systembyte.

Utmaningar

Det finns många utmaningar i dag för medelstora företag, något som kan verka skrämmande men som också ger nya möjligheter.

Samtidigt som kostnaderna för IT ökar ger tekniken också möjligheter att stärka sin konkurrenskraft samt förbättra effektivitet och produktivitet.

Vilket område man väljer att fokusera på varierar från företag till företag. Det kan handla om att utnyttja mobila enheter eller sociala medier. Det kan handla om hur man utnyttjar molntjänster (eller tillhandahåller sådana). Det finns olika nya verktyg för att analysera och utnyttja sådan information som redan finns. Och mycket annat.

Oavsett hur man ser på ny teknik måste man däremot ha ett kärnsystem som så att säga kör och styr verksamheten. Man behöver lagerstyrning, orderhantering, ekonomi med flera system som en bas i verksamheten.

Samtidigt som man inför ny teknik för (delar av) organisationen blir dessa system allt viktigare.

Att räkna it kostnad/intäkt för de datorsystem som dessa system rullar på kan göras rätt enkelt:

Om bassystemen inte längre fungerar gör inte verksamheten det heller.

Om prestanda eller funktionalitet är dåliga har det menlig inverkan på väsentliga processer.

Här kommer vi att se på en jämförelse mellan IBM-i (senaste version av operativsystemet) och två andra alternativ. Windows Server + SQL Server respektive Linux (på Intel plattform) + Oracle databas.

Till att börja med finns det stora skillnader mellan IBM-i och de andra alternativen.

IBM-i är byggt från grunden för att ge maximal tillgänglighet (stabil drift) och säkerhet (kontrollerad åtkomst) och når där en nivå som är mycket högre än något av de andra alternativen. Således en kraftigt minskad risk.

Just de egenskaperna kunde i sig motivera att kostnaden för IBM-i var högre än för alternativen. Det vore rimligt. I verkligheten är dock den totala kostnaden för ett system baserat på IBM-i *väsentligt* lägre än för de som körs på s.k. X86 servrar. Att systemet är mer sammanhållet och hushållar bättre (optimerar användningen av) systemresurser ger tillsammans med minskade kostnader för att hantera systemet och databasen (systemunderhåll, databasunderhåll) att man får en betydligt lägre totalkostnad.

IT kostnader

I en studie från Quark-Lepton där man jämfört kostnadsbilden under tre år har det visat sig att IBM-i (version 7.3) genomsnitt kostat mer än 66% mindre än en lösning med Windows Server och mer än 59% mindre än en lösning med Linux-Oracle.

Det man räknat med då är hårdvara (inklusive underhåll), licenskostnader för operativsystem, databas och andra systemprogram. Därtill kommer personalkostnader för de som ska administrera systemet samt lokalkostnader, energi och liknande.

För varje komponent är kostnaderna för IBM-i lägre.

I en tidigare studie från ITG har nedbrytningen av kostnaderna redovisats i detalj:

- Anskaffningskostnaden för maskin och systemprogram (inkl. databas) är i snitt 24 % lägre än för Windows och hela 47 % mindre än för Linux-Oracle.

- De löpande kostnaderna är därefter 51 % respektive 61 % mindre.

Detta stämmer väl överens med den nya studien – där besparingen totalt till och med är något större.

Enstaka X86 servrar med programvara kan ha lägre kostnader men så fort man ökar volymerna så ökar kostnaderna kraftigt. Man får sätta upp separata servrar för databas, applikation webbserver samt test, utveckling och produktion. Alla kostnader för hårdvara programvara och personal ökar då motsvande. (Personalkostnaderna på grund av att komplexiteten ökar).

Ovanstående gäller också i de fall då man använder VM för att hålla ner antalet servrar.

Högre kapacitet per processor tillsammans med effektivare LPAR indelning och bättre "work-management" ger fördelar för IBM-i.

Kostnaderna för X86 alternativen blir ytterligare högre när dessa kompletteras med ytterligare systemprogramvaror för administration, säkerhet och annat eftersom dessa funktioner genomgående ingår i standardleveransen för IBM-i

Det skiljer också mycket i personalkostnader mellan de olika typerna av system. Antal administratörer (heltidstjänster) som behövs är 2,3 respektive 2,6 gånger högre för Windows respektive Linux-Oracle.

Det finns också aspekter i prissättningen för Oracledatabasen som påverkar kostnadsbilden jämfört med övriga alternativ.

Risker

Vad kostar driftstopp och driftstörningar?

Det är självklart att driftstopp kostar pengar. Hela verksamheten störs, personal och andra resurser går på tomgång, order och leveranser försenas.

Man kan också störa relationerna till kunder så att man förlorar deras förtroende och därigenom missar affärer.

Det här gäller inte bara oväntade (dvs. oavsiktliga) avbrott, men också upprepade planerade driftstopp för sådant som uppdateringar, ändringar, och planerat underhåll.

I en värld där konkurrensen är hård och där man gör affärer globalt krävs mer och mer att systemen är tillgängliga 24/7 – även om företaget i sig inte är igång.

Man underskattat ofta konsekvenserna av driftstopp och driftstörningar. I en amerikansk undersökning har man beräknat att en timmes oplanerat driftstopp resulterar i $50 000 i förlorad försäljning.

Sådana beräkningar utgår från genomsnittlig försäljning per timme. I praktiken kan konsekvenserna vara betydligt större och mer långvariga.

Dessa – mer allvarliga konsekvenser - gäller särskilt för företag som ingår i kedjor där kontinuerlig materialförsörjning är av största vikt.

Tänk företag som tillämpar "just in time" och "lean" för att minimera varulager. Där är man extra sårbar för störningar. Där finns också stor risk för kaskadeffekter genom hela kedjan.

I slutändan kan de ekonomiska konsekvenserna bli tre till tio gånger större än det man kommer fram till vid en enkel försäljning-per-timme beräkning.

När det gäller tillgänglighet finns det stora skillnader mellan de olika plattformarna.

När det gäller IBM-i och Power Systems har användarna konsekvent rapporterat högre nivåer av tillgänglighet än för någon annan plattform.

I dessa företag beräknas kostnaderna för driftstopp vara i genomsnitt 84 % mindre än för Windows och 79 % procent mindre än för Linux-Oracle-servrar.

I tillägg till detta har operativsystemet IBM I för version 7.4 också kompletterats med nya avancerade funktioner just för avbrottsfri drift. Detta genom en speglingsfunktion DB2 Mirror for I.

Säkerhet och skydd mot skadlig kod

Intrång och skadlig kod förblir de ständiga hoten för organisationer av alla storlekar.

När det gäller dataintrång är det vanligt att de inte upptäcks förrän efter lång tid, eller inte alls.

Konsekvenserna kan bli förödande.

Om personuppgifter eller kunduppgifter kommer i orätta händer kan detta medföra böter och andra rättsliga påföljder. Till det kommer så alla kostnader för att hantera problemen som att meddela kunder, och att täppa till de "luckor" så funnits.

Hur reagerar du själv som kund om en leverantör slarvat bort känslig personlig information? Kommer du att byta leverantör?

Om vi ser på GDPR direktivet som blev bindande lag i maj 2018 så blir det lätt många miljoner Euro som man får böta – direkt och utan möjlighet att överklaga ifall man slarvar med skydd av personliga data.

Kunderna löper också betydande risker för förlust och skada – något som i stor grad kan påverka företagets anseende negativt. Vem skulle lämna kreditkortsinformation till ett företag som blivit "hackat"? Hur påverkar det detta företagets försäljning och överlevnad?

Även om kunddata inte förloras finns det andra typer av känslig information som kan stjälas. Ren skadegörelse avseende programvara kan också förekomma.

När det gäller säkerhet och skydd mot skadlig kod är skillnaderna mellan IBM-i och Windows respektive Linux baserade servrar är inte bara betydande – den är dramatisk.

IBM i är ett av de säkraste operativsystem som existerar. Intrång är sällsynta och incidenter av skadlig kod är praktiskt taget okända.

Det finns inga kända "native" datavirus riktade mot IBM-i.

I rapporten från QuarkLepton finns en sammanfattning över antal listade säkerhetsrisker. För IBM-i 7.3 är talet noll. För Windows 2016 är det 98 och för olika Linux varianter mycket högre än så.

Vikten av att ha tillgång till den typ av förstärkt säkerhet som är inbyggd i IBM i förstärks av två faktorer. Det ena är att säkerhet baserad på "brandvägg" inte längre är tillräckligt.

Attacker mot brandväggar har blivit allt vanligare och dessutom hindrar dessa inte de allt vanligare förekomsterna av "inbrott från insidan".

Högre nivåer av skydd krävs för den databas som är kärnan i verksamheten.

Trots att många företag– på grund av den tröga ekonomin –
har blivit tveksamma till att öka utgifterna för IT-säkerhet
(många har till och med dragit ner) så har hoten fortsatt att
öka.

Man har ställts inför ett val mellan större utgifter eller större
risk. Genom att använda av IBM-i kan man slippa göra detta
val. Man får bättre säkerhet till en lägre kostnad.

Arkitektur och teknik

Tillgängligheten, säkerheten och skyddet mot skadlig kod i
IBM-i och Power Systems jämfört med Windows och servrar
med Linux-Oracle beror på grundläggande och
genomgripande skillnader i arkitektur och teknik.

Funktioner för hög tillgänglighet är inbyggda i kärnan i
operativsystemet för IBM-i och ingår också i hårdvara och
mikrokod (firmware).

Integrationen och de automatiska övervakningsfunktionerna
bidrar också till att kraftigt minimera riskerna för driftstopp.

Vissa av dessa funktioner (liknande) kan också hittas i "x86"
servrar.

Den teknik på mikronivå som finns i Power Systems är dock
mycket mer avancerad.

Den klusterteknik där man kan växla till speglad server är hos IBM-i Power Systems mer robust och har funnits mycket länge och gett dokumenterad stabil och framgångsrik drift.

IBM i och Power Systems utnyttjar också teknik som ärvts från stordatorsystemen och som levererar högre tillgänglighet än någon annan plattform.

Enligt IBM utvecklades företagets designteam Power Systems och System z (stordator) gemensamt avseende funktioner för optimering av tillgänglighet och stabilitet.

Styrkan i IBM-i när det gäller just säkerhet och skydd mot skadlig kod avspeglar operativsystemets objekt-baserade arkitektur.

Objekt kapslas in på ett sätt som medger strikta kontroller av data och systemkod. Detta gör det oerhört svårt för obehörig kod att tränga sig in och köras. Ytterligare funktioner för IP-säkerhet och andra funktioner finns också med högt upp i denna struktur.

Slutsatser

- IBM-i har sedan lång tid ett rykte för stabilitet och kraftfullhet. Ryktet motsvaras av ett stort antal oberoende analyser.

- Systemet beskrivs ofta av användare "mycket stabilt... extremt robust... helt pålitligt... bergfast."

- Sådana termer används inte lika ofta om Windows eller Linux baserade servrar.

- IBM i version 7.3 är den senaste versionen av ett operativsystem som har använts, i vissa fall i mer än 20 år, av hundratusentals medelstora företag över hela världen.

- Systemet har från första början varit avsett att möta de behov som funnits hos dessa kunder att ha en plattform som varit enkel, pålitlig, säker och lätt att administrera. Allt för att stödja kärnverksamheten i företagen.

- Nu när IT-världen har blivit allt mer komplex har IBM-i behållit just dessa egenskaper. Mer än någon annan servermiljö finns idag, är IBM-i utformad för att hantera den komplexitet som företagen måste tackla. Detta är särskilt fallet i två områden:

Ett – Integration!

Kärnfunktionerna i operativsystemet – inklusive en unik objektbaserad kärna och single level storage (allt minne och disk adresseras på samma sätt) är tätt integrerade med DB2 relationsdatabasen; ett integrerat filsystem (för lagring av t.ex. PC objekt och andra "non-native" strukturer); Webbservers och Application servers; samt mer än 300 verktyg för att administrera systemet.

Alla dessa komponenter är inte bara "hopbuntade" som ett leveranspaket. De är konstruerade för att arbeta tillsammans med varandra på ett enkelt och effektivt sätt. Omfattande tester utförs ständigt för att se till att de gör så.

Man testar inte bara mot IBM maskinvara och programvara, men också mot lösningar från större fristående leverantörer av lösningar (ISV).

Effekterna av detta är påtagliga. Integrationen ökar inte bara administratörens produktivitet. Den påverkar också systemets prestanda – effektiv drift, mindre overhead- och allmänt högre tillgänglighet.

Integrerade väl testade system minimerar risken för avbrott - det finns färre felkällor.

För att få liknande funktioner i Windows och Linux server-miljöer krävs att man köper in, installerar, konfigurerar och administrerar många olika produkter från olika leverantörer.

Detta ökar komplexiteten orsakar extra arbete för systemadministratörerna. I synnerhet när det finns bristande kompatibilitet mellan de inköpta verktygen.

Förutom ökande bemanningskrav är dåligt integrerade miljöer mer benägna att ha mer problem med prestanda och tillgänglighet. Generellt kan frågor kring säkerhet, disaster recovery och liknande bli mer problematiskt.

Två – Automation!

IBM-i har utformats för att automatiskt hantera ett stort antal funktioner-som konfigurering, prestandaoptimering, programuppdateringar, tillgänglighet och säkerhet och andra uppgifter – som de flesta andra system kräver omfattande handpåläggning.

Kärnfunktionerna i denna automatisering har uppnåtts genom användning av avancerad artificiell intelligens och nya optimeringsfunktioner inbyggda i POWER9 processorerna.

Även om den mest påtagliga effekten av att administration av systemet automatiseras är att det minskar kraven på bemanning finns det också många andra fördelar.

Ett system som självt mäter arbetsbelastningen och kan omfördela resurser inom några millisekunder använder sin kapacitet mer effektivt än ett som är beroende av administratörs- eller operatörs ingripanden.

Automationen minskar också risken för att mänskliga felgrepp leder till tröghet, systemavbrott, förlust eller förvanskning av data eller andra negativa effekter.

Andra unika IBM-i funktioner förtjänar också uppmärksamhet. '

Kärnan i operativsystemet innehåller en av de mest eleganta och sofistikerade implementationerna av "work management" för någon existerande server i dag.

Dessutom innebär konceptet med TIMI-tekniken ("Technology Independent Machine Interface) att hårdvarutekniken kan förändras helt och hållet utan att programvaror påverkas alls.

Under de senaste åren, har, IT-branschen ironiskt nog, återupptäckt fördelarna med minskad komplexitet.

Argumenten för cloud computing-förenklat införande, effektivare användning av virtualisering, konsolidering, minskad administration och liknande – innehåller sådant som har varit standard för IBM-i användare sedan årtionden.

Att förenkla IT-miljön är den stora utmaningen för medelstora företag idag.

Överdriven komplexitet har saboterat IT-strategierna i många stora organisationer. I ett medelstort företag med mer

begränsade resurser och teknisk kompetens blir
konsekvenserna mycket allvarligare och långvariga.

Ett kärnsystem har ofta en livscykel på fem till tio år (ibland
väldigt mycket längre). Valet av plattform påverkar kostnad,
komplexitet och riskexponering under många år.

IBM i på Power Systems ger möjligheter att minska alla tre
riskmomenten.

Riskhantering

Översikt

Viktiga tendenser tyder på att vikten av de fördelar som IBM i
har avseende tillgänglighet, disaster recovery, säkerhet
skydd mot skadlig kod ökar allt mer som tiden går.

Tillgänglighet och återstart

Driftstopp kostar pengar! Under det senaste årtiondet har
insatser för att undvika driftstopp blivit allt mer kritiska för
system som används av medelstora företag. Effektiv
återställning – d.v.s. möjlighet att snabbt komma igång med
driften och att återställa data vid allvarliga avbrott – är också
allt viktigare krav.

Dessa förändringar har drivits av ett antal trender, inklusive
följande:

Integration.

Kärnsystemen i de flesta branscher har mer och mer också kommit att innehålla ett stort antal transaktionsprocesser samt nya funktioner för analys mm. Denna utveckling har varit särskilt tydlig för ERP och supply chain management (SCM) system, men har också påverkat andra typer av system som används i en mängd olika typer av företag.

Det rör till exempel är system för detaljhandel, bank, offentlig förvaltning, bokningssystem av olika slag och system för andra typer av tjänsteföretag (försäkringar) och andra.

Man har funnit att fördelarna med mer funktionalitet och processintegration har en baksida: Man blir helt beroende av sina system. Ett enkelt strömavbrott ger tvärstopp för hela verksamheten.

I många företag har konsolidering av kärnsystemen ytterligare ökat sårbarheten. När man har standardiserat systemportföljen vid fusioner och förvärv samt applicerat gemensamma tjänster/strukturer för bearbetning, ekonomi, HR, kundservice och andra funktioner har detta bidragit till denna ökade sårbarhet.

Känsligheten för störningar ökar också när organisationer börjar utnyttja nya verktyg för planering och prognoser, omvärldsbevakning, e-handel, mobil datoranvändning och andra applikationer. Detta beror på att även om dessa körs på olika plattformar så är de beroende av centrala databaser.

Om kärnsystemet har kraschat kommer dessa system i bästa fall att arbeta med inaktuellt data.

Globalisering.

Ett växande antal medelstora företag har internationell verksamhet eller använder utländska leverantörer, partners eller både och.

Stora delar av i synnerhet tillverkningsindustrin har flyttat till Kina och andra offshore länder.

Som ett resultat kommer vissa processer - inklusive de relaterade till inköp, logistik och i många fall, försäljning, orderhantering och kundservice – nu att behöva vara tillgänglig 24/7.

Effekterna av störningar blir då större än tidigare. Till exempel kan ombokning av transporter bli en betydligt mer krävande process när man har att göra med leverantörer och logistikföretag på en global arena.

Supply chain strategier.

Fokus för tillverkning, distribution, detaljhandel och andra branscher, har varit inriktat på "lean" modeller och processtrukturer. Det får effekten att eftersom lagerbuffertar försvinner eller reduceras och glapptider mellan processer elimineras blir effekterna av störningar mycket större.

Planerings och prognoscykeltider har nu minskat från veckor till timmar.

Inom vissa sektorer, tar man nu kontinuerligt emot behovssignaler från kunderna och förändrar då planering och prognoser på timbasis och från det styra åtgärder för upphandling, produktion och logistik.

Direktutleverans (d.v.s. omedelbar omlastning av gods mellan ankommande och avgående fordon, utan mellanlagring) i distributionscentraler kan både öka både effektivitet och sårbarhet för störningar.

I sådana miljöer kan t.ex. ett strömavbrott ge kaskadeffekter genom hela kedjan. Det är inte bara den egna verksamheten, utan även kunder, leverantörer, logistik och andra partners påverkas. Dessutom kvarstår effekterna långt efter att systemen kommit i gång igen.

En försenad leverans av komponenter till en fabrik kan till exempel orsaka förseningar i leveranser av färdiga produkter. Detta kan i sin tur påverka transportplanering och lagerhantering, vilket i sin tur resulterar i ytterligare förseningar och störningar sprids. Effekterna blir hela tiden värre och värre.

Det finns också industrispecifika effekter som kan vara betydande.

För leverantörer av mat och dryck finns risken att produkter blir otjänliga om verksamheten störs. Man kan också tappa (ibland lagstadgad) spårbarhet vad gäller råvaror och färdigprodukter. Återförsäljare och distributörer riskerar att lager tar slut och detta effekter kan vara särskilt allvarligt under högsäsong.

E-handel och M-handel.

I många branscher går man mer och mer mot Internet-baserade system som hanterar processer som frågor om tillgänglighet, orderläggning och kundservice.

Internet är per definition "24/7" och man förväntar sig att systemen ska vara tillgängliga precis när som helst.

Många av företagens mindre kunder har ofta inte tid att kontrollera sin lagerhållning och lägga order annat än sent på kvällen eller tidigt på morgonen. Om leverantörens system inte är tillgängliga vid denna tidpunkt upplever man det i bästa fall som obekvämt och detta kan lätt leda till förlorad försäljning.

Om detta är vanligt förekommande kanske man tappar
kunden.

Med M-handel-menas användning av mobila enheter som
plattor och smartphones för transaktioner. Detta ställer extra
stora krav på tillgänglighet. Nu ska affärssystemet kunna
kommunicera med kunderna när som helst och var som helst
ifrån. Riskerna för tappade affärer vid avbrott blir nu ändå
större.

Man måste komma ihåg att varje kund bara är ett par klick
från konkurrenterna. Bäst system vinner.

Konsekvenser för kunderna

I dag är såväl företag som privata konsumenter mindre
toleranta mot brister hos leverantörer. Kostnaderna för
störningar blir betydande av flera orsaker:

En kund som påverkas av att t.ex. ett ordersystem inte är
tillgängligt eller att leverantörens interna orderhantering,
produktion eller leverans störs kommer ofrånkomligen att
vara missnöjd.

Det missnöjet kan leda till förlorad försäljning eller allvarligare
långsiktiga effekter.

Det har visat sig att vissa kunder som har bytt till en
konkurrent inte kommer tillbaka och även om de gör det så
är de mer benägna att även göra framtida inköp hos andra
leverantörer.

Ryktet om att det är krångligt/instabilt att göra affärer med en viss leverantör kan också avskräcka andra. Ofta gäller detta familjemedlemmar, medarbetare och vänner. Nu i och med sociala medier, recensioner online etc. kan kommentarer om negativa erfarenheter snabbt nå tusentals eller miljontals potentiella kunder.

Även om man inte tappar kunden så kan det finnas ett antal potentiella bottom-line effekter. För business-to-business relationer kan det inkludera att skadeståndsklausuler för leveransförseningar eller felleveranser aktiveras. Man kan också tvingas erbjuda extra rabatter och andra villkor för att vinna tillbaka kundens förtroende.

Mindre synligt, men potentiellt farligt är att kundernas förtroende för företaget urholkas. Detta kan medföra att kunden försäkrar sig genom att dirigera vissa framtida inköp till andra leverantörer för att minska beroendet. Dessutom kan det bli svårt att komma ifråga för framtida strategiska beställningar om man uppfattas som en högriskleverantör.

Andra effekter som kan uppstå vid frekventa störningar är att aktiekursen kan påverkas, minskat varumärkesvärde; högre försäkringskostnader, minskat anseende...

En annan konsekvens av avbrott bör belysas: Efter återstart tenderar antal fel i bearbetningen att öka markant vilket i sin tur påverkar kundrelationerna. Det blir en cirkeleffekt.

I en studie av mer än 800 företag som upplevt allvarliga störningar avseende "supply-chain" kunde man dra slutsatsen att dessa hade mellan 33 till 40 procent lägre avkastning jämfört med branschgenomsnitt över en treårsperiod just på grund av detta.

Studien rapporterade också nedgång med 7 procent i försäljningstillväxt, 107 procent i rörelseresultat, 114 procent på försäljningsnetto, 93 procent i kapitalavkastning, och genomgående ökande kostnader för försäljning, administration och lagerhållning.

En tydlig slutsats blir följande. Störningar och avbrott i vitala system får genom effekter på kund och strategisk nivå en betydande påverkan på företagets resultat.

Att uppnå och vidmakthålla högsta möjliga nivå av tillgänglighet och stabilitet för kärnsystemen bör vara ett centralt mål för IT-organisationen.

Säkerhet och skadlig kod

Hotbilden

Dessa attacker är nu så vanliga att man i princip har slutat räkna dem.

Antalet varianter – virus, trojaner, maskar, spionprogram, rootkits, bakdörrar och diverse hybrider av dessa – som cirkulerar på Internet och intranät fortsätter att öka.

Symantec Corporation, rapporterade exempelvis att man upptäckt mer än 400 miljoner unika varianter under 2011, en mer än 40 procent ökning jämfört med 2010. Inget säger att utvecklingen avstannat sedan dess.

Även om de flesta företag har investerat pengar i informationssäkerhet för länge sedan är man i praktiken inte särskilt mycket säkrare. Brottslingarna blir allt mer sofistikerade med tiden. I och med att tillbud sällan rapporteras är statistiken dessutom rätt opålitlig.

Till helt nyligen tenderade cyberbrottslingar att attackera stora företag och myndigheter. Nu är de mer inriktade mot medelstora företag. Dessa är också de som är mest sårbara– och oftast mindre skyddade än sina större motparter för attacker från hackers, missnöjda anställda eller andra.

Analytiker säkerhet rapportera konsekvent tillväxt i "gateway" attacker, som syftar till att skapa bakdörrar som kan utnyttjas senare, och förekomsten av spionprogram som samlar in och skickar vidare information utan användarens vetskap. Att sådana händelser inte upptäcks betyder inte att de inte uppstår.

Användningen av skadlig kod som gör att en angripare ta kontroll över en dator för olagliga ändamål har också ökat. Uppskattningar av antalet datorer som infekterats på detta sätt i hela världen varierar från 12 miljoner till mer än 200 miljoner.

När it-brottslighet är lönsam ökar den!

Dataintrång

Medelstora användare riskerar allt oftare intrång som gör att känslig information kommer i orätta händer. Effekterna av sådana händelser kan vara betydande.

Läs gärna noga om EU:s GDPR direktiv som ger omedelbara böter vid slarv!

I många länder finns det lagar som ger påföljder/böter för företag att påföljder på grund av dataintrång och andra kostnader kan också vara betydande. Som ett exempel räknar man att i USA kostar det 150–300 dollar per känslig kunduppgift som stulits. Nu i vår del av världen kan det bli miljoner Euro vid en enda överträdelse…

Detta enbart för direkta kostnader, inklusive information till kunderna.

Åtgärder som säkerhetsfixar, extra kreditövervakningstjänster och kostnader för marknadsföringkampanjer för att behålla missnöjda kunder; samt indirekta kostnader till följd av förlorad verksamhet, kundtapp och andra effekter kommer till. Det här blir (inte bara kan bli) riktigt dyrt.

Skillnader mellan olika plattformar

Översikt

IBM i med Power Systems är en kombination av två olika typer av avancerad teknik:

1. IBM-i 7.4 är den senaste versionen av ett operativsystem som har sitt ursprung från 1988 och successivt utvecklats för att införliva nya tekniker.

I detta ingår senaste generationen av SQL, C/C++, Java och Eclipse. PHP för Web, XML, MySQL databas, Apache Web server, IBM Rational Enterprise Generation språk (EGL) och mycket annat.

En följd är att IBM-i användare har på ett enkelt sätt kunnat ta till sig internet- och mobilteknik, utvecklingsverktyg för "open source" samt utnyttja tredje partsverktyg. Allt enligt branschstandards.

IBM har också fortsatt att investera i etablerade IBM tekniker som RPG, COBOL och CL språken. IBM Rational Open Access (ROA) för RPG, som ett exempel, ger mobil åtkomst till RPG applikationer från enheter som iPhones, iPads, webbläsare och Android-telefoner.

IBM-i 7.4 stöds av mer än 2500 programleverantörer - inklusive de flesta stora leverantörerna av affärssystem och branschspecifika kärnsystem – systemintegratörer och serviceföretag över hela världen. Den har en av de högsta nivåerna av kundlojalitet för någon plattform.

2.Power Systems bygger på den nionde generationen av IBM POWER RISC arkitektur.

POWER9-baserade system, som dessutom stöder IBM AIX (ett UNIX-baserat operativsystem) och Power versioner av RHEL och SLES Linux, har konsekvent överträffat andra RISC och x 86-plattformar i ett stort antal standardiserade prestandamätningar.

POWER9-baserade system har också fördelen av branschledande framsteg i chiptäthet, minnesteknik, multithreading virtualisering, lastbalansering, tillgänglighet optimering, energieffektivitet och andra områden. I marknaden för UNIX servrar har Power Systems successivt ökat sin andel sedan 2008 och nådde i slutet av 2011 hade nått 50 procent av marknaden.

När medelstora organisationer väljer mellan IBM-i med Power Systems Windows eller x 86 Linux-servrar, är det viktigt att förstå skillnaden mellan dessa miljöer.

IBM-i version 7.4

Version 7.4 blev tillgänglig i juni 2019 och ersatte då tidigare versioner av "V7" som i sin tur ersatte 6.1 som kom 2008. Binär kompatibilitet har behållits för tidigare versioner.

Sedan kommer det med regelbundenhet kommit "technical refresh" som minireleaser med ny funktionalitet i småportioner.

Tidigare versioner (som har support) får också vissa delar av kakan. Exempelvis finns TR6 för version 7.3 tillgänglig nu.

De huvudsakliga funktionerna är följande:

Systemintegration.

IBM i omfattar inte bara kärnfunktioner i operativsystemet. Det innehåller också DB2 relationsdatabas, ett integrerat filsystem, WebSphere Application Server (WAS), Tivoli Directory Server, Java Virtual Machine (JVM) miljöer samt verktyg för administration av system, databas, lagring, säkerhetskopiering och återställning, kommunikation, säkerhet, operationer och andra aktiviteter.

DB2 för IBM-i är en i-optimerad version av IBM:s DB2 databas som också finns för Windows, Linux, UNIX och stordatorsystem. Det fyller alla branschkrav på en SQL relationsdatabas och gör det möjligt att nå höga nivåer av prestanda för transaktionsbearbetning samt sökning. Den är branschledande avseende komprimering, kryptering och Extensible Markup Language (XML) kompatibilitet.

Alla komponenter har ett gemensamt effektivt gränssnitt för administration genom applikationen Navigator som är ett av flera verktyg för systemet.

Att DB2 är helt integrerat med operativsystemet gör att databas och systemadministrationsuppgifterna kan skötas av samma personer. För andra plattformar krävs normalt en särskild databasadministratör (DBA).

Här hade det kanske varit passande med resultatet av ett "benchmark" test på olika SQL-databaser. Dessvärre – trots massor med informella redogörelser av hur DB2 for I har kört i cirklar kring alla andra SQL-databaser (inklusive den för stordatorer) finns dokumenten noga inlåsta. Kanske av marknadsföringsskäl.

Core design.

Grunden i operativsystemet för IBM-i design är en objektbaserad kärna i vilket alla systemets resurser definieras och hanteras som objekt.

I kärnan ingår också single level storage – vilket innebär att systemet behandlar alla resurser, inklusive primärminne och diskar, som en enda logisk enhet. Placering och hantering av uppgifter på alla resurser hanteras automatiskt av systemet vilket minimerar arbetet för systemadministratörerna.

En effekt av detta är höga nivåer av konfigurationsflexibilitet; ökad produktivitet när det gäller prestanda och kapacitetsutnyttjande.

En ytterligare fördel med single level storage är att integration och hantering av Solid State Drive (SSD) är jämförelsevis enkel. Operativsystemet placerar automatiskt "hetaste" (mest frekvent använt) data på SSD, flyttar data mellan hårddiskar eller SSD efter behov och optimerar prestanda löpande.

Denna avancerade variant av automatiserad lagringsstyrning kräver inga ändringar i programmen.

IBM-i användare har sett prestandavinster när det gäller högintensiva transaktionsflöden med mellan 20 och 50 procent genom användning av SSD-enheter.

I kärnan till operativsystemet ingår också "Technology Independent Machine Interface (TIMI)", som tillhandahåller en "virtuell" instruktionsuppsättning som alla objektprogram använder, oavsett vilken instruktionsuppsättning den verkliga processorn har.

Genom TIMI kan man mycket grundläggande uppdatera den underliggande hårdvaruplattformen utan att tvinga användarna att ändra programmen.

Workload management.

Sedan starten har IBM-i inkluderat verktyg och processer för att hantera olika typer av arbetsbelastning som online och batch på ett mycket effektivt sätt.

Grunden för detta är uppdelning i IBM-i delsystem.

Systemet tilldelar minne och prioriterar resurser och balanserar driften automatiskt eller enligt användarens inställningar.

Delsystemprincipen är integrerad i IBM-i design och kan användas oberoende av eller tillsammans med PowerVM virtualisering.

Säkerhet och skydd mot skadlig kod

Styrkan hos den objektbaserade designen blir särskilt uppenbar när man studerar den täta integrationen av säkerhetsfunktionerna med kompilatorer, directory-servers och den objektbaserade strukturen i filsystemet. För Windows och Linux är säkerhetsfunktionerna däremot något som läggs på ovanpå operativsystemet.

IBM i inkluderar också en omfattande IP trygghet sviten, inklusive stöd för grundläggande branschstandards för säkerhet och kryptering.

Omfattande kontroll och spårbarhet ingår liksom också single signon.

Den tid och möda som måste spenderas på uppgifter kring säkerhet är mycket mindre än för Windows och Linux-servrar.

Power Systems

Översikt

Servrar baserade på Power arkitekturen har varit ledande
när det gäller serverprestanda sedan mitten av 2000-talet.
Till viss del har detta berott på prestanda hos de olika
POWER-processorerna. Det finns däremot också andra
faktorer som spelar in.

I Power servers finns en inbyggd prestandaoptimering på
flera nivåer – mikroelektronik, intern kommunikation, I/O,
hårdvara och mjukvara.

En viktig skillnad mot andra servrar är att Power Systems är
optimerade inte bara för att leverera höga nivåer av
prestanda för enstaka program och arbetsbelastningar, men
också för att hantera blandade arbetsbelastningar, något
som ofta är fallet när det gäller kärnsystem för medelstora
företag. Tunga transaktioner tillsammans med
frågeverksamhet, rapporter och kommunikation kan hanteras
samtidigt på ett mycket effektivt sätt.

Integrationen av funktionerna för hantering av virtualisering
och arbetsbelastning är också högre än för Windows och
Linux-servrar. Funktioner för tillgänglighet och optimering är
inbyggda i systemet fundament.

Nuvarande generations Power Systems kan ha fyra-, sex -
eller åttakärniga processorer med frekvenser av 3.0 till 4.0
GHz, som stöder upp till fyra samtidiga trådar. Processorerna
använder internt cache, minne, komprimeringsfunktioner och
säkerhetsfunktioner.

Power Systems inkluderar modeller som täcker ett brett
spektrum av pris - prestanda och expansionsmöjligheter.

Power Systems och IBM-i stöder – när det gäller lagring –
olika disk, optiska och SSD enheter. Dessutom SAN och
olika backupenheter.

Virtualisering

Effektiv virtualisering kräver mer än förmågan att skapa
virtuella maskiner.

Flera mekanismer krävs för att skapa och ändra partitioner,
dela systemresurser mellan dessa och ändra
resursallokeringar efter behov.

Det är också nödvändigt att prioritera tillgänglighet av
resurser till olika applikationer baserade på affärskritiska
överväganden; övervaka och kontrollera last och ställda mål
för prestanda och tillgänglighet.

PowerVM virtualisering uppfyller dessa krav. Funktioner finns
för tre typer av partitionering:

1. Logiska partitioner (LPARs) är mikrokodbaserade partitioner som kan konfigureras i steg om så litet som en tiondels "core". Tekniken utvecklades ursprungligen för IBM stordatorer.

Som en allmän princip erbjuder detta tillvägagångssätt (ofta kallad hårddiskpartitionering) bättre isolering mellan olika arbetsbelastningar än programvarubaserade tekniker.

Arbetsbelastningar som körs i olika partitioner påverkar varandra mindre., LPAR ger också möjlighet till ytterligare säkerhetsfunktioner.

De systemresurser som används av LPAR kan vara dedikerad (för statiska LPAR), eller delade (dynamisk LPAR). Statiska LPAR används vanligen för affärskritiska applikationer.

Hårddisk partitionering stöds på Hewlett-Packards integrity servers och på Oracle Sun M seriens UNIX server-plattformar, om än i en mer begränsad form än på Power Systems.

Integrity serien har tappat mycket i marknadsandelar sedan 2011.

Servrarna i Sun M serien kom 2007men förekommer numera sällan i vad som erbjuds.

Ingen motsvarande funktion finns för Intel-baserade servrar med Windows, Linux eller inte heller på nyare Oracle Sun-servrar.

2. Mikro-partitioner baseras på programvara.

De används vanligen för att stödja processer med begränsade krav på systemresurser och för "load balancing". Mikro-partitioner kan konfigureras i första steg om 1/10 dels kärna, och efterföljande steg så små som 1/100dels kärna.

Både LPAR och mikro-partitioner styrs av mekanismer som låter processor, minne och I/O resurser omfördelas mellan processer. Systemet övervakar resursutnyttjandet var tionde millisekund och kan prioritera om lika snabbt.

Verksamhetskritiska processer kan köras i dedikerade LPARs och också med dedikerade fysiska processorer. Andra processer kan köras baserat på olika prioriteringar avseende kombinationer av trådar, partitioner och processorpooler. Systemet tillåter att processer körs på en eller flera processorkärnor inom delade pooler.

3.Virtuella I/O-servrar

Gör att flera instanser av operativsystemet- som körs i flera LPARs - kan dela en gemensam pool av nätverksadaptrar samt Fibre Channel, SCSI- och RAID-enheter. Det innebär att det inte är nödvändigt att koppla kommunikationsadaptrar till enskilda partitioner. Detta innebär besparingar avseende kostnader för hårdvara, underhåll och energiförbrukning.

4. PowerVM och x 86 virtualisering

De virtualiseringsverktyg som finns för virtualisering inom x 86 utgår från en enda programvarubaserad metod.

Även om de kan hantera olika arbetsbelastningar sker detta mindre effektivt än Power Systems. Det kan också innebära betydligt större overhead.

Det finns också två andra områden där skillnaderna bör belysas.

1.Workload management.

Partitionering öppnar för högt kapacitetsutnyttjande. Hur mycket som detta fungerar i praktiken beror på de mekanismer som allokerar resurser och kontrollerar belastningen i de olika partitionerna. Om dessa mekanismer är ineffektiva kan mycket av systemresurserna "gå på tomgång".

I de flesta fall varierar typen as last kraftigt (online, batch, kommunikation). Oväntade "spikar" kan förekomma. När flera applikationer körs på en enda fysisk plattform – särskilt om dessa ger väldigt blandade typer av last – krävs effektiv övervakning och resurstilldelning i realtid.

Om operativsystemet inte har sådana funktioner leder det till att administratörerna söker begränsa antal och storlek av partitioner just för att hindra processer från att störa varandra.

Detta är en av de viktigaste svagheterna hos sådana verktyg som VMware och Hyper-V, och förklarar varför de flesta installationer av dessa bara når en bråkdel av sin potential.

2.Komplexitet.

Ironiskt nog har de lösningar som syftar till förenkling genom att möjliggöra konsolidering av fysiska x 86-servrar har ofta haft direkt motsatt effekt.

Att få igång arkitekturen i drift har ofta visat sig vara mer långdragen och svårare process än väntat, kraven på kunskap och personaltäthet hos administratörerna har tenderat att eskalera.

Optimal tillgänglighet

Power Systems

En uppsättning funktioner för optimering av tillgänglighet finns inbyggda i Power Systems maskinvara och mikrokod. Det omfattar följande:

• Grundläggande funktioner för tillförlitlighet och redundans (inklusive "hot swap" för att byta och aktivera enheter utan stänga systemet).

• Övervakning, diagnostik och felhantering finns inbyggt i flera komponenter inklusive processorer, primärminne, cache, samt adaptrar, strömförsörjning, kylning och andra enheter. I många fall finns flera lager av skydd och självtest implementerade.

Viktiga funktioner finns i av IBM utvecklade "Chipkill" och "First Failure Data Capture"(FFDC) tekniker. Chipkill är betydligt mer tillförlitligt än konventionell felkorrigeringskod (ECC). FFDC använder inbyggd avkänning för att identifiera och rapportera fel till en separat serviceprocessor.

Denna serviceprocessor kan automatiskt informera
administratören eller kontakta IBM Support Center för
händelser som kräver ingripande.

Fault masking capabilities

Förhindrar systemavbrott vid problem. Om exempelvis en
instruktion går fel beroende på ett hård- eller mjukvarufel
kommer systemet automatiskt att försöka upprepa åtgärden.
Kvarstår felet kommer operationen kommer att upprepas i en
annan processor och, om inte heller det lyckas kommer den
felande processorn att tas ur drift.

Dessutom finns andra redundansfunktioner exempelvis så att
alternativa minnesmoduler aktiveras vid fel.

Genom LPAR tekniken kan man minska behovet av
planerade avbrott. Programvaruändringar kan göras och nya
versioner installeras utan att störa verksamheten.
Säkerhetskopiering kan ske och batch köras samtidigt med
online bearbetning.

Att sätta pris på stabilitet

Att IBM-i är ett stabilt och tillförlitligt system lär det inte vara någon som tvivlar på.

Men vad är detta egentligen värt?

Det är säkert inte heller många som tvivlar på att störningar i de datasystem som är litet av företagets "hjärta" också har en direkt påverkan på det finansiella resultatet.

Däremot - och kanske litet märkligt - är det mindre vanligt att man väger in sådana faktorer som förväntad "down time" när man väljer vilken plattform man ska bygga företagets affärskritiska system på.

Detta kan vara ett allvarligt misstag eftersom den skada som företaget kan förväntas lida under åren på grund av så väl planerade som oplanerade avbrott kan variera mycket märkbart mellan olika plattformar.

Det finns detaljerade rapporter och analyser där man jämför kostnaderna över tre år mellan IBM-i, Microsoft Windows Server Failover Cluster (MSSC) och Oracle Exadata Database Machine i sex olika bolag. Studien är amerikansk och har med företag inom såväl finanssektorn som handel-industri och med omsättning mellan en och tio miljarder dollar per år.

En sammanfattning av de resultat man kom fram till är att:

Kostnader för stopp

Kostnaderna för stopp var i genomsnitt 73 % mindre för IBM-i jämfört med Windows och 80 % mindre än för fallet med Oracle. Det man tog hänsyn till här är både planerade och oplanerade stopp som varade mindre än tre timmar.

Med de siffrorna i handen har man räknat fram en besparing på i snitt cirka 2,5 miljoner USD över tre år jämfört med Windows och cirka 3,5 miljoner jämfört med Oracle.

Risker

Här tittar man på större oplanerade avbrott på mellan 6 och 24 timmars varaktighet. De tal man funnit här är också markant lägre för IBM-i. De metoder man använt sig av baseras på vanlig sannolikhetskalkyl och "impact analysis". Risken för allvarlig skada för affärsverksamheten blev då 93 % lägre än för Windows och 73 % mindre än för Oracle.

Vad kostar ett stopp egentligen?

Här finns data från ett större antal företag med i bilden.

Man har delat in dem i olika typer beroende på verksamhet: Tillverkning, distribution, detaljhandel, bank, försäkring och så vidare.

Därefter har man räknat fram en kostnad per stopptimma för de olika typerna och multiplicerat detta värde med antal stopptimmar för de olika plattformarna. Syftet har varit att isolera de faktorer som hör samman med systemprogramvara, hårdvara och interaktionen dem emellan och eliminera sådant som är applikationsberoende.

För företag inom supply-chain var kostnaden per timme mellan drygt en halv till något över en miljon USD.

Man har tagit hänsyn till effekter som stopp i produktion på grund av att material inte kommit i rätt tid till rätt plats, tappad försäljning, extra rabatter med mera.

En vanligt använd formel för att räkna ut kostnaden per timme är omsättningen delat med 8760. Det är en utgångspunkt. Däremot kan kostnaden i praktiken lätt bli fyra eller fem gånger högre och effekterna svalla över i dagar och veckor.

Ju större beroenden det finns i följande processer desto större följdeffekter får också ett stopp.

I finanssektorn finns särskilda riskscenarion där kostnader för stopp (eller bara förseningar) i transaktionsflöden kan bli extremt kännbara.

Stora kunder till clearingföretag kan som ett exempel kräva full kompensation för förluster (eller uteblivna vinster) som orsakats av att börsaffärer inte förmedlats i rätt tid. För stora transaktionsvolymer på en livlig marknad kan det till och med vara svårt att säga hur stor kostnaden kan bli!

Hur ställer sig de tre plattformarna mot varandra?

Kostnaden över tre år ser då ut som så:

Bildelstillverkare:
- WSFC 38,84
- Oracle 12,14
- IBM-i 3,52

Detaljhandel:
- WSFC 20,55
- Oracle 8,56
- IBM-i 2,77

Industri:
- WSFC 9,88
- Oracle 4,39
- IBM-i 1,1

WSFC hävdar ofta 99 999 procents tillgänglighet och det stämmer inte riktigt med dessa siffror. Det beror däremot på vad man mäter på för typ av användning.

I applikationer med relativt lågt antal transaktioner så är den tekniska utmaningen för att hålla igång systemen rätt låg jämfört med affärssystem med hög grad av integration och stora volymer.

En annan orsak är att man inte tar med planerat, schemalagt arbete med stopp. Windows cluster är rätt komplexa och kräver i praktiken mycket tid för underhåll. En komplex miljö ökar i sig också risken för oplanerade stopp eftersom det finns – enkelt uttrycket – fler saker som kan fallera.

Oracle använder sig av mer stabil hårdvara och RAC-Cluster teknik. Planerade avbrott har däremot en tendens att ta längre tid och inträffa mer frekvent än för IBM-i.

Stora oplanerade avbrott

Det visar sig at då riktigt svåra och långvariga avbrott inträffar så ökar påverkan inte linjärt utan exponentiellt. Ett avbrott som vara i 24 timmar kanske inte får fyra gånger så stor påverkan på resultatet som ett på 6 timmar utan i stället tjugo gånger större!

Det handlar inte bara om direkta kostnader för verksamheten utan också om sådant som skadat rykte för företaget – hos kunder såväl som hos investerare. Det finns många effekter.

Bank och finansföretag är än mer utsatta – där kan man också i slutändan räkna med åtgärder från övervakande myndigheter.

Ett exempel från just bank är när "Royal Bank of Scotland" hade ett stopp som varade i sex dagar. Sjutton miljoner kunder kunde inte kontrollera saldon, göra uttag eller betalningar.

Man beräknade att man hade direkta kostnader på 200 miljoner dollar för ersättningar (i olika former) till drabbade kunder. Dessutom fick man lägga stora kostnader på personal på över tusen kontor samt fördubbla personalstyrkan i sitt call-center.

Man kämpar fortfarande – efter mer än tre år – på att få tillbaka sitt förlorade rykte. Och kan man anta att en hel del kunder har gått till andra banker.

Skydd mot virus och annat

Detta har diskuterats tidigare.

Det som är klarat och entydigt bevisat är att IBM-i i detta avseende är i en klass för sig!

Den aktuella versionen av operativsystemet för IBM-i listar exempelvis summa noll i "advisory notices" av samtliga slag. Det vill säga sådana säkerhetsläckor som man på andra plattformar räknar i hundratal.

Och slutsatsen är?

- Tid är pengar.
- Stopptid och avbrott är mycket pengar.
- IBM-i ger mycket mindre stopptid än andra system.

Vad för sorts kostnader kan det röra sig om?

Man kan dela in kostnaderna i strategiska, kundrelaterade och operativa.

Vilken exponering man har kan variera beroende på branschrelaterade faktorer och annat men som punkter att analysera (utgå från ett scenario med ett totalstopp på en vecka) är de relevanta.

Strategiska

- Skadat rykte/varumärke
- Finansmarknad
- Kunder och möjliga kunder
- Banker
- Partners
- Rekrytering
- Aktiekurs
- Rating – kreditkostnader
- Försäkringskostnader
- Legala frågor
- Kunder
- Tredje part
- Aktieägare
- Compliance

Kundrelaterat

- Försäljning på kort sikt
- Långsiktig vinst
- Förlust av framtida försäljning
- Skadestånd sen/felaktig leverans
- Skadestånd felaktigt gods
- Kompensationsrabatter
- Kostnader för extra kundservice

Operativa kostnader

- Tomgång!
- Leveransapparaten
- Tillverkning
- Logistik
- Lager
- Tredje part
- Personal
- Underutnyttjande
- Minskad produktivitet
- Extra arbete för att komma i kapp
- Övertid
- Finansprocesser
- Försenad fakturering (cash flow)

- Extra lagerhållning

- Förändringskostnader

- Felrelaterade kostnader (rättning)

- Orderbehandlings fel

- Defekta produkter

- Specifikationsfel

- Tillverkningsfel

- Kvalitetsfel

- Felleveranser

- Skadade produkter

- Felaktigt emballage

- Felaktig leveranstid

- Andra kostnader

- Tappade marknadsandelar

- IT kostnader

- Administrationskostnader – generella

- Overhead

Vare sig störningar i IT resulterar i operativa problem, störningar i kundrelationer eller i strategiska kostnader så har de en stor påverkan på resultatet. Att vidmakthålla den högsta möjliga nivån av tillgänglighet tillsammans med relevanta återställningsrutiner borde vara ett mycket centralt strategiskt mål för IT.

Särskilda konsekvenser för detaljhandel

Faktorer som en riktning mot små lagernivåer och hög omsättning har gjort detta segment mer störningskänsligt i minst samma grad som för tillverkande företag.

Nya produkter kommer i en aldrig sinande ström, det finns kampanjer som pågår under kort tid.

Stopp under sådana "heta" perioder kan få särskild kännbara konsekvenser.

Här är det också ännu mer sannolikt at varje störning resulterar i missad försäljning. Det behöver inte vara totalstopp – vid försäljning över disk räknar man att i mellan 40 och 80 procent av fallen då en viss vara inte finns i lager så tappar man försäljningen snarare än att kunden köper en alternativ produkt.

Situationen är ännu värre för online försäljning. Den värsta konkurrenten är aldrig mer än ett "klick" borta.

Och den som går till konkurrenten är sannolikt en för evigt tappad kund.

Finanstjänster

Det här är en sektor där man normalt är mycket medveten om de risker som finns.

Detta gäller även IT. De flesta företag använder HA ("High Availability") lösningar med speglade miljöer, avancerade återstartsfunktioner och säkerhetsfunktioner rent generellt.

För de flesta banker bygger kärnsystemen på stordatorer. En stor minoritet kör emellertid på IBM-i – globalt rör det sig om mer än 15-tusen banker samt ett stort antal andra företag inom sektorn.

De flesta programleverantörerna inom finans stödjer IBM-i.

Penetrationen inom finans beror på att riskerna för störningar är signifikant större för andra plattformar där det finns mindre erfarenhet av den typ av storskaliga installationer som blir aktuella här.

Tillgänglighet och återstart

Kostnaden per tappad timme för värdepappershandel, kreditkortshandel, uttagsautomater och andra system med stora volymer kommer frekvent upp i miljonbelopp.

Någon form av aktivitet pågår dag som natt. 365 dagar per år. Varje stopp – när det än inträffar – får kundpåverkan.

Ett stopp vid högtrafik kan påverka miljoner kunder.

Mätningar visar att kunder hos banker och försäkringsbolag blir allt mer rörliga – det vill säga att man byter bank eller försäkringsbolag mycket mer frekvent än tidigare. Någonstans mellan 5 och 10 procent är norm i Västeuropa.

Det faktum att långvariga relationer med kunden är mycket mer lönsamma ger en orsak att arbeta på att minska sådant som potentiellt kan störa kunden.

En sådan extra stor riskfaktor skulle vara för en bank att göra ett systembyte.

Läckor

Om känslig finansiell information läcker från de egna systemen och hamnar i orätta händer kan effekterna bli synnerligen kännbara.

Får vi veta att kreditkortsuppgifter har kommit vilse blir vi oroade. Ändå har det hänt åtskilliga gånger, ofta med miljontals uppgifter som stulits vid varje tillfälle.

Myndigheterna är tydliga med vad som gäller vid liknande tillfälle och när man summerar åtgärdslistan blir det snart riktigt dyrt när man ska genomföra:

- Utredning och korrigering
- Kommunikation med alla berörda
- Hantera frågor från alla kunder
- Korrigeringar rättningar
- Utfärda nya kort
- Hantera skadeståndsfrågor
- Ta hänsyn till rykte och varumärke

Fördel IBMi!

Vad gör då IBM-i till den stabila plattform den är?

Det finns en del av svaret i grundarkitekturen:

Allt är uppbyggt i "lager" så att man kan byta hårdvara utan att behöva göra något åt operativsystemet. Det finns ett mellanskikt som hanterar den direkta kommunikationen med hårdvaran.

Alla funktioner inklusive databasen är integrerade i basen till operativsystemet. Detta gör att kompatibilitetsproblem mellan systemfunktioner helt enkelt inte existerar.

En-nivå lagring och objektorienterat operativsystem. Effektiviserar lagring och hämtning av alla slags informationsmängder.

Inbyggd jobb- processövervakning.

Automation – det mesta av optimeringsfunktionerna är helt autonoma.

Skydd mot virus - ett objekt kan inte utföra annat än dess typ tillåter. Vi kan bara utföra kod från objekttypen program. Objekttypen program kan bara skapas av funktioner i operativsystemet.

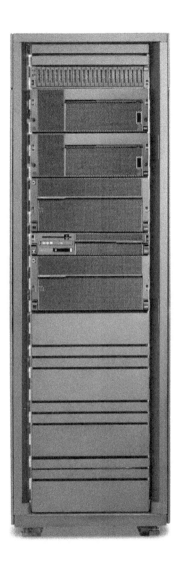

Vad ska man göra då då?

Vad är jag skyldig

Teknikskuld!

Det här är ett relativt nytt begrepp. Och gammalt...

I princip går det ur på att när man – av olika anledningar – struntar i eller tvingas strunta i att hålla grunden i sina applikationer aktuella så drar man på sig en skuld som man förr eller senare åker på att betala på något sätt.

Man kan likna det vid att inte hålla efter sitt hus och låta färgen flagna och taket läcka mer och mer.

Det här begreppet innebär att man ser den totala systemlösningen som en integrerad del av företaget – kärnan i verksamheten.

Hur uppstår teknikskuld?

I korthet är det vanligaste fallet att man i det löpande arbetet enbart ägnar sig åt att:

- Rätta uppdagade fel – "släcka bränder"

- Lägga till funktion på funktion på funktion

- Ändra hit och dit på befintliga funktioner

Men inte sådant som att:

- Se över kodningsmetoder och revidera befintlig kod. Tänk i "vår värld" sådant som fullt fritt format, byta accessmetod för databasen till SQL. Modularisering. Användning av API: er och sådant.

- Se över databasens definition
  Lägga över funktionalitet typ validering och behörighet direkt i databasen vilket både ger ökad effektivitet och ökad säkerhet. Skapa index. Mer vyer!

- Se över användargränssnitt.
  Förbättra dialogfunktionerna. Organisera om bilder. Web-gränssnitt?

- Se över applikationsgränssnitt
  XML-meddelanden i stället för flatfiler och FTP?

Hur stor är skulden?

Det beror på!

Hur länge som man bara sett till funktionalitet och hoppat över struktur.

Hur stor applikation det rör sig om.

Och man håller nere skulden genom att

Göra löpande revideringar som inte är specifikt relaterade till ny funktionalitet.

Problemet är

Att det är svårt att få förståelse för det här tänkandet. Det vill säga att det är riktigt lönsamt att löpande revidera basen i systemet.

Man lever i nuet och sparar för stunden. Det andra kan man ju göra i ett "sedan" som det då egentligen aldrig blir tid för.

Och följden blir

Att man riskerar att drabbas av hysteriskt höga kostnader i en framtid.

Vare sig man vill eller inte.

För antingen har systemet – det som driver verksamheten – blivit så långt eftersatt att man tvingas till ett extremt dyrt (i IT-budgeten likväl som i försäljningsbudgeten) och riskfyllt systembyte där kostnaden lätt blir 3 till 20 gånger högre än beräknat.

Eller så får man kavla upp och rycka det befintliga systemet från dödens käftar, något som också kostar en hel del. Samt garanterat sammantaget mer än om man hade gjort det här jobbet löpande under åren.

Alternativet att göra ingenting finns liksom inte – det är detta faktum som gör att man får betrakta bristande strukturellt underhåll som en skuld. Man får hur som helst betala och med "ränta" dessutom.

Varför dyrare med tiden?

Ju äldre teknik som man har i sina system desto svårare (och dyrare) blir det att få fatt på resurser som begriper hur det funkar.

Till sist kanske man inte ens hittar sådana experter som behövs och får då lita på att andra kan läsa in sig på funktionaliteten och gissa sig fram efter hand. Vilket blir ännu dyrare. Och riskablare.

Hur kan jag bedöma läget?
En bra början är en objektanalys.

Se över databasdefinition. Relationer mellan objekt. Använda kontra ej använda objekt. Använda kontra ej använda termer i databasen.

Och värdera kodningsstandards i programmen.

Med litet mätvärden på detta kan man göra sig en något så när uppfattning om situationen samt uppskatta hur mycket jobb som kan behöva utföras framåt i tiden.

Åtgärder?
Antingen går applikationen att rädda och då kan det vara ett beslut att göra en insats för att lyfta den till modern standard (se vidare om modernisering) eller så hamnar man i ett tvångsläge där man helt enkelt nödgas göra ett systemutbyte.

Det senare fallet är så extremt svårt att budgetera för som en generell rekommendation så det tänker jag inte ens försöka mig på.

Att rycka upp ett system däremot kan vara litet lättare. Om man har en IT-budget som ligger någonstans mellan 4,5% och 10% av omsättningen kan man räkna med att öka budgeten med en fjärdedel för att få till extra medel för strukturellt underhåll. Detta under några år för att riktigt komma ikapp.

Så om man omsätter säg 500 miljoner och har en IT-budget på säg 35 miljoner så lägger man in 7 till 8 miljoner under ett par års tid för att komma till ett stabilt läge.

Det är ändå småpotatis jämför med vad ett byte skulle gå på. Så varför inte spendera i grafiskt användargränssnitt när ni ändå är i farten?

Varför inte byta maskin
När det nu är så att...

- Den maskin vi har faktiskt kan göra de mest fantastiska saker.
- Med framtidssäker teknologi.
- Med en riktigt bra databas.
- Och kan köra egentligen vilka applikationer som helst, programmerade ungefär hur som helst.
- Och med den lägsta tänkbara kostnad jämfört med övriga gångbara alternativ.
- Och med minimal risk för intrång, haverier, virus, attacker med mera otäckt.

Och det ändå är så att...

Det vi har att köra med ändå känns urvuxet och kort sagt mossigt. Det hade liksom känts bra att göra en "ren start"...

Gör då så här!

Det är på detta viset att det finns ingen enkel, snabb åtgärd som plötsligt gör allting o-mossigt och fräscht samt alla glada.

Det gäller att göra en massa analyser (och på rätt kort tid också - sätt till litet resurser här) för att framför allt ta reda på vad som inte känns bra med det system man kör i dag.

Med största sannolikhet ligger problemet i applikationen.

Ett undantag är möjligen om man av missriktad sparsamhet har undvikit att uppgradera maskinen till senare modell och/eller med tillräcklig minneskapacitet. Skulle detta vara problemet så ska ingen få mig att tro att det inte skulle upprepas på samma sätt i en annan teknisk miljö också om ett år eller två och då vore man tillbaka på samma punkt.

Med applikationen gäller det att först och främst ta reda på om den avseende grundläggande kärnfunktioner fyller sitt syfte. Finns en stabil kärna har man en grund att bygga vidare på även om det finns andra brister på annat håll. Är det däremot inte sunt virke är man trots allt ändå tvungen att handla nytt. Sannolikheten att vilket nytt system man väljer i ett sådant läge går att köra med framgång på IBMi är däremot riktigt stor i det fallet också.

OK systemet är användbart men mossigt. I det fallet bör man nog titta ordentligt på modernisering som alternativ.

Särskilt ett modernt användargränssnitt kan göra underverk.

Ett bra angreppssätt - som också kan ses som ett slags analys - är att göra ett miniprojekt ett "Proof of Concept" där man bygger om en eller ett par funktioner för att kolla hur det känns och hur det fungerar. Sådant kan man få hjälp med och det kostar heller inte särskilt mycket. Man slipper ofta att skaffa en massa programvarulicenser och inblandade leverantörer är generellt riktigt hjälpsamma.

Ta i alla fall reda på om ett moderniseringsalternativ kan vara en väg att gå.

Modernisering

Vad är "modernisering"

Enligt ordböckerna så innebär modernisering att göra någonting mer lämpat för de behov som finns för handen.

Motsatsen måste då vara något som inte är särskilt väl lämpat för de behov som finns.

Ungefär som motsatsen nymodig – urmodig.

Varför modernisera

Om man har kommit fram till att någon ändring behövs så finns det två vägar att gå:

Antingen river man och bygger nytt eller så genomför man en mer eller mindre genomgripande renovering.

Så långt gäller begreppen lika oavsett om det som behöver förbättras är ett hus eller en systemlösning för en organisation.

Man kanske ska fundera över varför så få river sina hus och bygger nya i stället för att bygga till och bygga om.

Eller så behöver man inte fundera så länge. Det skulle nämligen bli oerhört dyrt och kosta mycket mer än det smakar.

Men egentligen står det till på samma sätt när det gäller systemlösningar. Det bör finnas extremt starka skäl till att kasta ut ett system innan man ger sig på ett sådant projekt.

Orsaken är att det finns enorma mängder dolda kostnader att snubbla över och som ytterst sällan brukar hamna i projektbudgeten.

Vad tror man att ett system kostar?

Man brukar räkna med:

- Maskinutrustning, kablage och annat man kan ta på
- Inköpskostnad av systemprogramvara (databas och sådant)
- Inköpskostnad applikation
- Anpassningar
- Licenskostnader
- Utbildning

Men vad blir det i stället?

Eller varför brukar det kosta så mycket mer?

Så här kan den egentliga investeringen i befintligt system se ut

Det innebär att den dyra delen att byta ut är det som sitter i organisationen i form av kunskap, metoder med mera.

Något som sällan dyker upp i projektkalkylerna.

Och som inte alls sällan ställer till en obeskrivlig röra i organisationen efter det där systembytet som skulle gå så enkelt och smidigt.

Företag har faktiskt gått under i ren obetänksamhet. Eller i vart fal till icke ringa del beroende på sådana feltänk.

När ska man modernisera det man har?

I princip kan man säga att det är när grunderna i systemet är väl anpassade till de behov man har. Det vill säga att det finns en sund struktur att bygga vidare på.

Må så vara att vissa funktioner saknas, att det går litet "segt", att det finns centrala program som är röriga och att det är svårt (framför allt för nya medarbetare) att navigera sig fram genom alla grön-svarta skärmbilder.

Det är liksom inte de aspekterna man ska titta på i det här läget. Det handlar om det finns en vettig stomme.

Specialfallet "2E"

Det finns en mängd system som har utvecklats med det verktyg som från början hette "Synon/2" och som sedan gått under andra namn som "Cool" och annat. Eftersom "2" eller "2E" ofta ingått i namnsättningen här kan vi kalla dem för "2E-system".

Det här var inget dåligt verktyg för sin tid. Tanken var att man först gjorde en datamodell (detaljerad) med alla objekt, samband och termer och att man därefter genererade både de databasobjekt och den programkod som krävdes på ett standardiserat sätt.

Man kunde styra en del av genereringsprocessen med systeminställningar per projekt.

Man kunde också lägga in egen kod för vissa förutbestämda "händelser" i funktionerna.

Men alltsammans byggde på att den programkod som skapades för generella funktioner vare sig borde man eller behövde man någonsin titta på – än mindre peta på.

Så långt så bra. Man kunde skapa stabila applikationer på ett snabbt och – relativt – enkelt sätt och de fungerade väl så bra som andra applikationer från tiden.

Vad är då problemet – eller problemen?

Det handlar i första läget att man inte vill vara låst till 2E produkten längre. Den har inte fortsatt att utvecklas i takt med all övrig programmeringsstandard för plattformen.

OK ändringar och nyheter har kommit men sällan i den takt som man önskar.

Det har också blivit allt svårare (och dyrare) att hitta utvecklare som kan jobba med 2E på ett effektivt sätt.

Det är den orsak som driver en rörelse från 2E och till att underhålla applikationerna på "normalt" sätt i stället.

Då kommer man till det andra problemet: 2E kod är rent generellt helt hopplös att läsa.

Om vi börjar med databasen så är som standard alla fält namnsatta med en sexställig bokstavskombination där:

De första två tecknen relateras till "modellen" (applikationen)

Nästa två fungerat som en löpnummerserie från "AA" till Z9.

De sista talar om vilken generell typ av fält det handlar om ("CD" för kod, "TX" för text, "DT" för datum etc.)

Det får som effekt att det enda sättet att veta vilket fält det rör sig om är att konsultera modellen och/eller DDS-koden.

Japp! 2E skapar enbart DDS.

Om vi tittar på den RPG-kod som genereras så är den också oerhört svårläst:

- Koden är i gammal fastformatsstil

- Mycket funktioner dubbleras (ungefär som copy-source) så att programkoden blir onödigt "svullen"

- Man använder inte möjligheten att skapa serviceprogram och binding directories.

- Plus att alla termer och objekt har obegripliga namn.

- Och givetvis är det grönskärm rakt igenom

- Och givetvis saknas möjlighet att köra 2E verktyget via RDI.

Det här är ju väldigt synd eftersom applikationerna i sig fungerar riktigt bra. Att man har styrts via en normaliserad datamodell har helt säkert fungerat utmärkt – för de 80% - 90% av applikationen som varit standardmässig.

Så hur gör man för just detta fall?

Ett första steg är att bygga om databasen till DDL (SQL-definierad) databas där ALIAS namn (långa namn) definieras för alla fält.

Sedan kan man ge sig på programkoden och:

- Skapa externa procedurer för sådant som dupliceras i koden

- Använda ALIAS-namnen på termer

- Omvandla till fullt fritt format.

Det här behövs det verktyg för!

Leta upp den bästa 2E konverterare du kan hitta på
marknaden och använd den.

När det gäller användargränssnitt är det ett valfritt (men
önskvärt) steg men det gör man på vanligt vis se om några
sidor.

När finns det rimlig anledning att byta ut ett system?

Jag brukar säga att detta gäller när det finns "djupa strukturella och grundläggande orsaker till att systemet inte kan stödja verksamheten på sikt".

Det kan vara att verksamheten har ändrats radikalt sedan systemet togs i bruk.

Eller att källkod saknas för viktiga delar så att man hindras från att uppgradera maskin eller operativsystem.

Eller att det finns oåterkalleliga beslut från "högre ort" som gör det tvunget.

Vad ska man modernisera

Användargränssnitt

Detta är det första och mest lönsamma man kan ge sig på.

Problemet med "grön-svart" är bland annat att hanteringen ofta kräver speciella knapptryckningar (field-plus, field-minus, field-exist) som inte är standard i de Windows program som de flesta är vana vid.

Det i sin tur gör att det tar längre tid (ofta mycket längre tid) än nödvändigt att lära sig hantera systemet hjälpligt och att risken för felgrepp är större.

Men det finns mer!

Genom den begränsning till 80 kolumner och 24 rader som finns är det svårt att placera information på ett vettigt sätt, i synnerhet när all text får samma storlek och då variationen på möjliga färg-sättningar och markeringar är minimal. Det blir med andra ord lätt rörigt och då särskilt på informationsrika bilder vilka också är de snudd på mest använda i de flesta system.

Via ett grafiskt gränssnitt kan man också lätt integrera sådan funktionalitet som helt enkelt inte går i ett textbaserat. Interaktiva kartor, bilder, video, ljud, länkar till web-services med mera.

Man kan dela upp en bild och göra "flikar" där man grupperar de dataelement som hör samman.

Det tar också resurser att installera, konfigurera och uppdatera de "terminalemulatorer" (som Client-Access med efterföljare) som användarna måste ha i sin arbetsdator. Hur mycket enklare vore det inte att bara kunna använda en vanlig webbläsare?

Om man behöver hantera flera olika språk (där det förekommer andra tecken än i det svenska alfabetet) samtidigt ställer "grön-svart" (alias 5250) också till problem.

Det finns nämligen en utmärkt lösning på hur man lagrar text i alla världens språk i samma databastabell ("fil") och det är att använda något som heter unicode. Genom att använda några bitar fler per tecken så kan man lagra svensk, fransk likväl som japansk och kinesisk text i samma tabell.

Det tråkiga är bara att man i grön-svart inte kan hantera detta. Med ett äkta grafiskt (web) användargränssnitt så går det däremot utmärkt.

Databas

Här finns det två problem som man löser genom att bygga om databasen till en "full-SQL" databas.

Först funktionalitet och prestanda. Det finns helt enkelt massvis med funktioner som databasen kan sköta alldeles utmärkt och som inte helt enkelt kan nyttjas om man skapar/ändrar sin databas på gammalt sätt med "DDS".

IBM har deklarerat att DDS numera är dött och inte längre kommer att utvecklas. Databasen däremot utvecklas med stormsteg - kruxet är bara att man måste använda SQL för att definiera databasen.

Något av det som kommit till är: Sambandskontroller, äkta formella kontroller, behörighetskontroller på fält, kryptering, möjlighet med XML i databasen, nya datatyper och så vidare. DB2 för IBM-i är möjligen den kraftfullaste databashanteraren som man kan skaffa sig. Så länge som man avhåller sig från DDS!

Genom de nya funktionerna kan man avlasta programmen från en massa kontroller - som databasen bättre kan sköta själv. Vi kommer strax till vad det kan innebära för programmen.

Man vinner också dramatiskt förbättrade prestanda - i synnerhet när det gäller sökning via index. Det beror på att SQL index får tillgång till mer minne än gamla "logiska filer" och därigenom kan hitta önskat data så mycket fortare.

Man vinner också prestanda genom att maskinen vid en SQL-fråga (men inte vid "native" databearbetning) vid behov kan släppa till alla tillgängliga resurser för att hantera databasfrågan.

Och inte minst: När man ser framåt i tiden, hur mycket enklare är det inte att hitta resurser som kan standard SQL än som kan gamla DDS? I de fall det finns utökningar mot SQL är det enkla att ta till sig för vilken databasdesigner som helst.

Programstruktur

Det väsentliga är att få programmen lättbegripliga och lättlästa - helst för en programmerare som inte har långvarig IBM-erfarenhet.

Det finns många metoder för att åstadkomma detta.

En grund är fullt fritt format. Det vill säga att inga programrader ska vara bundna till att olika delar av koden måste stå i vissa bestämda kolumner. Detta kom i release 7 av operativsystemet och är grunden för all modernisering av programmen för IBM-i. Från senaste uppdatering av RPG-språket kan man också använda hela kodraden fritt samtidigt som man kan eliminera alla funktioner som inte finns i fritt format.

En annan är att eliminera "klutter" i programmen. Vi diskuterade tidigare att olika kontroller (sambandskontroller och formella kontroller) kan läggas in i databasen. Detta gör att en hel del programkod kan skrotas. Vilket gör programmen mindre svulstiga och - således mer lätta att läsa och förstå.

En tredje metod är ett flytta allmänt nyttjade funktioner till en typ av funktionsbibliotek. Så slipper man t.ex. ha funktionen för redigering av artikelnummer inklistrad i vartenda program som använder artikeltabellen.

Sammantaget gör detta programmen mindre, med mer "flyt" i beskrivningen av logiken och så snarlika andra moderna programmeringsspråk att nyutbildade programmerare kan hantera ändringar utan att springa till skogs (eller åstadkomma massiva problem genom misstag)!

Ett tänkt moderniseringsprojekt

Allra först

Här kommer jag att nämna och diskutera en del namngivna programprodukter och hjälpmedel/utilities.

När det handlar om detta så gäller först att jag inte har några ekonomiska kopplingar till tillverkare eller leverantörer av de här produkterna. Det handlar bara om att det är sådant som fungerar väl och passar bra in i ett moderniseringsprojekt. Gör livet lättare helt enkelt.

Sedan är det också så att det alldeles säkert finns andra - säkerligen alldeles utmärkta - produkter som jag inte nämner här, helt enkelt för att jag inte har erfarenhet av dem.

Nästan först - förutsättningar

Vi förutsätter att det gäller att genomföra detta så kostnadseffektivt som möjligt.

Det betyder minsta möjliga "handpåläggning" – behövs finlir kan man alltid putsa till senare.

Vi antar att vi har ett vanligt order-logistiksystem i botten med någonting detta som parametrar:

- I grunden skapat för cirka 20 – 25 år sedan.
- Ungefär 1000 tabeller ("fysiska filer")
- Cirka 200 rapporter
- Cirka 500 displayfiler och
- Ett tusental program eller däromkring

Där alltsammans har underhållits på varierande sätt under åren. Och troligen med varierande programmeringsteknik.

Hur minimerar vi tid och kostnad?

Ta bort program!

Vi kan börja med att söka rätt på vilka program som aldrig används.

Efter ett antal år kan det bli ett avsevärt antal. Uppemot 30 % (inräknat varianter) är inte omöjligt.

Genom att rensa bort dessa och referenser till dem minskar vi behovet av arbetsinsatser senare avsevärt.

Hittar vi gör vi antingen genom speciella verktyg eller med standardfunktioner.

Vanliga metoder är:

Ta fram från objektbeskrivningen vilka objekt (program) som inte använts efter ett visst datum. Här få man vara observant på skapat-datum också eftersom använt-datum nollas när objekt skapas om (som när program kompileras om).

Att utgå från "audit-journal". Om man sätter igång object-auditing för alla programobjekt som kan komma ifråga får man en loggning (sökbar) varje gång som de används.

Då vi hittat och analyserat vilka program som ska rensas flyttas dessa till en form av "karantän" ett tag.

Eventuella referenser till dem i aktiva program plockas också bort.

Samma sak gäller eventuella paneler ("displayfiler") och utskriftsdefinitioner ("printerfiler") som enbart används av de program som vi ska plocka bort.

Onödigt i databasen

På samma sätt som det finns oanvända program (och andra objekt) i ett system som levt länge finns det också oanvända kolumner/fält i databasen. Samt tabeller ("fysiska filer"), index och vyer ("logiska filer") som inte längre har någon användning.

De "stökar till det" på många sätt. Framför allt vid underhåll då man förleds att tro att det är data i ett fält som är aktuellt/styrande då det i själva verket är "dött" data. Eller att då man ändrar formatet på ett begrepp (gör ordernummer längre eller liknande) så ger man sig på och ändrar tabeller som inte behövs.

Orsaken till att det är så här är ofta att man ändrat strukturer/format och då skapat nya fält. Samtidigt har man inte kunnat eller vågat ta bort de gamla inaktuella.

Det här är ett par grader trixigare att identifiera än oanvända program men det finns hjälpmedel.

För tabeller etc. som inte används alls kan man använda sig av samma teknik som vi använde för att hitta program som kan pensioneras permanent.

För att hitta fält som inte används däremot tar vi till ett analysverktyg. Med förslagsvis X-ANALYSIS (från Fresche Legacy) kan man "borra sig ner" i applikationen och hitta samband ner på fält och kodradsnivå.

Nu till det roliga – användargränssnitt!

Detta innebär att

Nu ska vi bygga om alla "5250"/"Svarta hålet"-bilder så att man kan köra hela systemet via valfri "browser" (Internet Explorer, Firefox, Chrome, Safari) i stället för via 5250-emulator (Client Access, Attachmate, Mochasoft).

Poängen med det är egentligen flera poänger.

1. Man behöver inte längre installera en massa specialprogramvara i nya persondatorer. Det sparar tid och pengar. Mer av båda dessa resurser ju fler personer som ska köra systemet.

2. Man kan öppna systemet för mycket fler typer av enheter. Client-Access – för att ta ett exempel ur högen – finns inte för iPad eller Android men internetbrowser finns för bägge.

3. Man kommer ifrån begränsningar i 5250-gränssnittet. Dels begränsning i formatet på bilderna (vi kan utnyttja hela skärmytan bättre). Och så slipper vi undan den begränsning i vilka tecken som kan matas in och visas som ligger inbyggt i 5250-protokollet. Plötsligt fungerar kinesiska, tyska, koreanska med flera tecken alldeles utmärkt. Och samtidigt.

4. Detta förutsätter då att man väljer "rätt" verktyg.

Vad jag har valt

Jag har fastnat för en produkt som heter Profound-UI från Profound Logic. Detta efter rätt ordentliga tester och jämförelser.

Det som kom fram vid testerna är att den ger:

- Höga prestanda
- Klarar Unicode (detta med olika språk samtidigt)
- Är lätt att installera och få igång.
- Går enkelt att kombinera med olika portallösningar.
- Designverktyget är fullkomligt begripligt och lättanvänt för RPG-programmerare.
- Påverkar inte programlogiken
- Man kan köra konverterade program även i gammal 5250-miljö så man slipper bekymra sig om dubbla programmiljöer under övergångstiden.

Det man gör är att:

Konvertera befintliga layouter till det som kallas "rich display files" med ett verktyg som ingår i paketet.

Det blir fortfarande samma typ av objekt "File DSPF" men inuti finns all HTML-kod inbakad. Man kompilerar till och med källkoden med samma kommando men underhållet måste framgent ske via Profounds designverktyg – vilket bara är en fördel om man ska vara ärlig!

Poängen är att man bygger vidare på den kunskap om hur saker och ting fungerar som finns i alla programmerarna men ökar ut med alla möjligheter som finns med HTML och web.

Dessutom: Igen man kan i och med detta hantera unicode!

I programmen gör man bara en enda ändring (för att få detta med grafiskt användargränssnitt att fungera!)

Man lägger till en "handler" till den rad där man definierar displayfilen.

Och det påverkar bara hur det fungerar om man kör programmet via en browser, kör man via en 5250-emulator så blir det grönsvart som förut. OCH programmet klarar bara den begränsade teckenrepertoar som EBCDIC har med sig.

Processen

Först väljer vi en designstandard. (Färger, typsnitt etc.)

Här kan man behöva litet hjälp av en grafisk designer för att få en konverteringsmall som passar med de standards man eventuellt kan ha på företaget.

Vi startar designfunktionen i Profound-UI och väljer att konvertera källkoden för samtliga displayfiler.

Resultatet blir ny källkod som antingen kan lagras tillbaka där den kom från (observera det som sagts tidigare att gamla program kan köras som förut...) men troligtvis för säkerhets skull i en ny fil eller nytt bibliotek.

Det vi får som resultat (efter kompilering) är en grundversion av displayfilerna. Man kan köra dem via browsern och en hel del funktionalitet blir enligt standard Windows standard.

Efter det får man (förmodligen) välja ut de funktioner som är viktigast Urvalet kan lämpligen ske efter:

- Mest använda (uppenbart)
- Mest centrala (och kanske mest komplicerade)
- Sådana som man kan tänkas öppna för externa intressenter (kunder, leverantörer...) För dessa lägger

man ner litet mer arbete med designen och lägger in Windows-element som:

- Scroll down list

- Check box

- Grafiska element (bilder, kartor)

- "Type ahead" sökningar

- Med mera - det är här man lägger ner litet kreativitet, eller ganska mycket kreativitet. Det mesta av insatsen för projektet hamnar här!

Databasen

Konvertering till SQL – varför då?

Japp – vi bygger om hela definitionen av databasen från den gamla "DDS" metoden till att göra det med SQL-scripts.

Vad är det för mening med det då?

En sak är att det fullkomligt kryllar av utvecklare som kan SQL medan det inte kryllar lika mycket av folk som kan DDS. Det blir säkrare för framtida utveckling. När man gör klart för de nya utvecklarna att även vår databas består av tabeller, rader, kolumner, index och vyer är de fullständigt med på tåget!

En annan sak är prestanda! Särskilt när det gäller index (för mycket länge känt som "nycklade logiska filer") är skillnaden i prestanda dramatisk.

En tredje sak är att möjligheten att bygga in regler (sambandskontroller, formella kontroller etc.) är mycket större i SQL-definierad databas än DDS-definierad databas.

Och DDS är DÖTT! Ingen ny utveckling kommer att ske för DDS – någonsin. Massvis med ny utveckling kommer för SQL – hela tiden.

Och hur då?

Här använder vi ett verktyg för hela förändringen. Med verktyg som Arcad-Transformer eller X-Case kan man:

Konvertera databasen till SQL och

Lägga till sambandsregler Utan att påverka befintliga program – eller ens kompilera om dem! RPG-program kan under rätt omständigheter vara lättlurade.

Dessutom finns en stor poäng i hur sambandsreglerna kan hanteras. De kan nämligen skapas som "pending" vilket gör att man kan se vilka problem som finns med data i databasen och åtgärda dessa innan man gör reglerna styrande.

Exempel:

Om vi har en regel (rätt rimlig dessutom!) att kundnummer i orderhuvud måste motsvara en existerande kund i kundtabellen.

Om det då finns order som har ogiltiga kundnummer kommer vi att få reda på vilka det rör sig om och rätta till dessa. När sedan databasen är "ren" i detta avseende slår man om regeln så att den styr och därigenom hindrar felaktiga kundnummer att läggas in – eller att man tar bort kunder som har aktiva order.

Och sen då?

Här kommer en iterativ process in i bilden.

Ett av syftena med SQL-konverteringen av databasen är att databasen själv ska hålla ordning på sådana regler som att order måste ha kunder, lagertransaktionen riktiga artikelnummer att aktivflaggan på kunden bara kan ha värdena noll och ett med mera.

Alla dessa kontroller har hittills – med varierande framgång – skötts av programmen. I olika snuttar kod har man kontrollerat data kors och tvärs. Och i rätt många program. Och i bästa fall med samma regler.

Nu förflyttas regelverket till databasen och därigenom följer att nästan hela kontrollapparaten kan plockas bort från programmen. Det enda de behöver göra är att tala om för användaren när det blev fel.

Nu betyder detta inte nödvändigtvis att man ska ta bort kontrollerna av datas giltighet från programmen. Att regelverket ligger i databasen förhindrar i första hand att felaktiga data kommer in i tabellerna eller att felaktiga uppdateringar äger rum. När det gäller att kommunicera fel till användarna måste det ändå ske genom programmen och på ett så tydligt sätt som möjligt. Databasen vet inte så mycket om dialogförfaranden.

Så det är bara när programmet inte testar på data som spärren kommer att vara aktiv. Eller när någon försöker kopiera in ogiltigt data från ett kalkylark eller liknande.

Programmen

Bort med "klutter"

Program som varit i bruk ett tag brukar ha koden nerklottrad med gamla bortkommenterade rader, ändringsloggar och annat.

Det kan finnas subrutiner som inte längre används och andra "döda" rader.

Dessa plockar vi bort – detta ska ju bli en nystart.

Om vi lastar över formella kontroller och sambandskontroller till regler i databasen kan vi också med stor säkerhet eliminera stora sjok av programkoden.

Gör om till nytt format

Det här är egentligen – tills vidare – ett av de enklaste stegen i den här övningen.

Det vi gör är att använda en konverterare för att göra om källkoden till det som heter "fullt-fritt" format.

Den konverterare jag använt mig av med framgång kommer från Arcad och heter transformer. Det finns flera och en poäng med de här produkterna är att man i allmänhet kan ladda ner en demo-licens och testa med sina egna program hur det fungerar.

Varför då?

För att framtidssäkra programkoden måste den vara begriplig för nya generationer programmerare.

Sådant som inte är begripligt är just det som utmärker gamla RPG:

- Fasta kolumner som "F-spec", "I-spec" med flera är så fyllda med. Att det är viktigare var man skriver än vad
- Vissa egenartade operationskoder.

Och med en bra konverterare görs koden om – helt utan att ändra funktionen – till ett mer läsbart format.

En ny programmerare med erfarenhet av t.ex. Java kommer sedan att känna igen sig (huvudsakligen) i koden och inte känna en omedelbar längtan efter att springa till skogs.

Och sen då?

Resultatet efter de steg som genomförts är ett system som:

- Är enklare att hantera för användarna
- Använder databasen på ett effektivare sätt
- Har programkod som är enklare att underhålla
- Som rensats från oanvända onödor

Det vill säga en mycket stabilare bas.

Men historien stannar inte här. Det finns mycket som kan göras från denna bas – och så mycket bättre än tidigare.

Sådant som man kan/bör fundera på:

- Ska några funktioner publiceras som "web-services" och göras tillgängliga för t.ex. kunder/leverantörer? Detta går enkelt att göra via Profound och gör att dessa kan koppla sina system tätare till våra, ingen nackdel för oss!

- Ska online funktioner öppnas för externa användare och hur hanterar vi då säkerhet?

- Vad kan man bygga om i bilderna (ändra, lägga till, ta bort) för att utnyttja web-teknik på bästa sätt? Bilder, film, ljud, kartor?

- Se över program så att de använder SQL som åtkomstmetod

- Använda övervakningsverktyg för databasen för bästa prestanda. Skapa nödvändiga index. Studera "access plan".

- Se över och skapa procedurbibliotek för generella funktioner. Dokumentera så att de är lätta att hitta för framtiden.

Hantering av stora system

Och många utvecklare

Eller kanske bara några stycken?

Man kan inte komma undan vissa fakta. Ett är att ett moderniseringsprojekt för ett system blir en ganska omfattande operation som kräver precision och handlag.

Då måste man egentligen också ha något hjälpmedel i ryggen som håller koll på vilka delar man arbetar med just nu, vad som är klart i olika skeden (utveckling, unit-test, integrationstest respektive driftsatt).

Man behöver också stöd för att undvika konflikter så att man inte har flera utvecklare som samtidigt jobbar med samma källkod. (Check-out och Check in).

Man behöver också funktionalitet för att sådana ändringar som påverkar många objekt tas hand om samtidigt.

'Would you tell me, please,
which way I ought to go
from here?'
'That depends a good deal
on where you want to get
to,' said the Cat.
'I don't much care where
—' said Alice.
'Then it doesn't matter
which way you go,' said
the Cat.

Den som till äventyrs ifrågasätter varför man bör bygga om gammal kod till något mer läsbart kan studera nedanstående autentiska RPG-kod. Begripligt är det inte!

		1	
20 21 22 23 24 25 26 27 28 29 30 31 32 33 34 35 36 37 38 39 40 41 42 43 44 45 46 47 48 49 50			
		1	
		6	1
		1 3	3
	P	3 3	3
	P	3 6	3

`c t o r 1 + + + O p c d e F a c t o r 2 + + + R e s u l t L e`

D E	C H A I N P R O D M S T	
	E X C P T @ E 1 8 G	
	S E T O F	

`f A t N 0 1 N 0 2 N 0 3 F i e l d + Y B E n d + P C o n s t a`

	1 P			
	O F			
		U D A T E 8	1 0	
			2 7	P R O D U
			3 4	R E P O R
			4 5	P A G E
		P A G E	5 0	
	1 P			
	O F			
			5	P C O D E
			1 3	S U P P L
			3 0	P R O D
			4 0	Q T Y H O
			4 6	P R I C E
	0 1			
		T C O D E	5	
		T S U P R	1 3	
		T D E S C	3 4	

156

Den röda boken från IBM: Modernisering, på djupet

Följande är ett referat av IBM:s "Red Book" med titeln "Modernizing IBM-i applications from the database up to the user interface and everything in between" som kom ut första gången 2014 och i en uppdaterad utgåva 2017.

Vad är en "Red Book"

Kortfattat är det som en kokbok som mest beskriver hur man kan bära sig åt och vad man kan ha funktioner till. Det är inte en manual utan mer en inspirationskälla.

Även om det är IBM som ger ut boken så är det oftast en grupp som inte är IBM:are som skriver den.

I det här fallet är ett dussin av författarna fristående från IBM, men givetvis med extrema kvalifikationer när det gäller kunskaper om IBM-i.

Vill du läsa den kompletta boken?

Den är på 720 sidor (varav i ärlighetens namn en del är reklam) men kan laddas ner på sidan
http://ibm.com/redbooks

Man kan också googla på SG24-8185-00 så kommer man rätt.

Varför modernisera?

Det är viktigt att applikationerna kan underhållas och utvecklas eftersom omvärlden ställer nya krav på dem. (Web, mobil, "molnet", grafiska användargränssnitt...)

Utmaningen är att ta vara på det som man investerat så mycket tankekraft i under åren samtidigt som man tar till sig och inför ny teknik.

Det enda misstag man kan göra är att inte göra någonting!

Vad är modernisering?

En eller flera av dessa aktiviteter kan ingå:

1. Skapa ett nytt användargränssnitt
2. Bygga om databasen
3. Större ändringar i programkoden
4. Mindre ändringar i programkoden
5. Inte ändra programkoden alls
6. Integration med nya applikationer

7. Vilken som helst kombination av de föregående punkterna

Det kan röra sig om allt från att införa "screen-scraping" till att bygga om hela systemet till tjänstearkitektur med en SOA lösning.

Det är således så att modernisering är ett väldigt brett begrepp som kan ses på olika sätt och där det finns väldigt många saker att ta hänsyn till.

Att närma sig ett moderniseringsprojekt

Även om det vore enklare för utvecklare och IT-folk att ha en enkel vägkarta för hur det ska gå till är inte livet så enkelt.

Det finns många faktorer som avgör hur vägen framåt ska gå:

1. Tillgänglig budget (rätta målet efter matsäcken)
2. Stöd från ledningen
3. Klarhet i varför man ska/bör/måste modernisera. Vilka aspekter av databas, användargränssnitt och programkod måste beröras?
4. Resurser! Vad finns tillgängligt internt. Externt?
5. I vilket "skick" är den nuvarande applikationen? Hur enkelt kommer det att vara att gå igenom den koden?

Beroende på detta finns det massvis med vägar att gå. Det viktiga är att inse att man måste revidera processen under arbetets gång.

Varför modernisera – behovet

Först och främst – det är affärsverksamheten som driver behovet. Därför måste stöd på alla sätt komma från ledning och användargrupp. IT kan inte driva detta ensamt!

Databasmodernisering

Här en lista scenarion som kan leda till att databasen måste ses över:

1. Man byter ut Query/400 (så gammalt) mor Web-Query.

2. Prestandaskäl

3. Nya analysverktyg ska användas mot databasen

4. En ny applikation ska införas och den kopplas mot befintlig databas. Triggers och regler (constraints) kommer nu att införas.

5. En befintlig applikation ska skrivas om och man vill utnyttja databasfunktionerna maximalt för att förenkla applikationen.

Användargränssnitt

Några scenarion som kan motivera ett utbyte av grönskärmen:

1. Man inför nya applikationer som använder GUI. Det blir svårt för användarna att växla mellan grönskärm och GUI och GUI är vad de föredrar.
2. Nya generationer användare har problem med 5250 och ser det som en antik relik.
3. Användare som är nöjda med en applikation men inte med gränssnittet ställer krav på GUI.
4. Högste chefen kräver att få se månadsrapporterna som ett diagram på sin telefon.
5. Uppfattning: 5250 ses som antikt och GUI som nytt. Nytt är bättre...
6. Vilken generation användare behöver i dag instruktioner om hur man använder en "mus"?

Program

Några scenarion som kan motivera genomgripande ändringar i programmen:

1. Web-integration
2. Databasändringar leder till programändringar
3. Gigantiska programkolosser som är svåra/omöjliga att underhålla måste brytas upp i gripbara delar.

4. De som behärskar det gamla formatet på programkoden börjar bli äldre. Ett byte till modern programmeringsteknik och metoder är nödvändigt.

5. Web services blir ett nytt strategiskt gränssnitt.

Vad vinner man på att modernisera?

Det finns mycket man tjänar!

1. Bättre användargränssnitt – lättare att lära, tydligare, mindre risk för misstag

2. Bättre databas – högre prestanda, fler användbara funktioner

3. Enklare att underhålla applikationer och program – mer lättläst kod

4. Mer flexibla applikationer – enklare att anpassa till nya krav från affärsverksamheten

5. Enklare att få fatt på utvecklare som kan underhålla programkod i modernt format

6. Konkurrensfördelar – när systemets struktur och kodbas är "begriplig" går det snabbare att göra snabba anpassningar efter behov

7. Man drar fortsatt nytta av gjorda investeringar

Var står vi i början av resan?

Hur lång tid ett sådant här projekt tar och hur stor utmaning det blir beror på vilket läge vi utgår från.

Det som är både en fördel och en nackdel med IBM-i är att alla applikationer är kompatibla med äldre versioner. Det går att köra ett program som ursprungligen skrevs för IBM S/38 kring år 1980 på ett av IBM:s Power Systems i dag.

Fördelen är då att man inte behöver ändra sina system och program bara för att maskinerna blir större, snabbare och effektivare.

Nackdelen är att den programmeringsteknik som gällde för trettio år sedan inte är den bästa i dag. Eller ens den näst bästa. Det har hänt mycket på dessa år!

Det man måste kartlägga i början är:

1. Har systemet en välstrukturerad relationsdatabasmodell?
2. Vilket system skrevs systemet ursprungligen för – S/34, S/36, S/38 eller någon version av AS/400.eServer, iSeries eller IBM-i?
3. Vilket programspråk (och variant av detta) är systemet skrivet i? Är det COBOL, ILE-COBOL, RPG-II, RPG-III, RPG-IV, Java, C, något annat eller någon kombination av alltsammans...

4. Använder systemet ILE-funktionalitet?

5. Finns det en sund struktur och standard i systemet?

Sätta regelverket!

Det är viktigt att sätta ramarna innan man startar projektet.

Som hur man ska hantera förändringar av det befintliga systemet under tiden som moderniseringsprojektet pågår.

Projektets gränser, prioriteringar och struktur beror på dels tillgängliga resurser och vilket mål man sätter för projektet. Det är stora skillnader för vad man, som exempel, kan åstadkomma med en utvecklare och med tio.

Vad man börjar med kan också skilja från fall till fall.

Ibland är det lämpligast att börja med programkoden, i andra fall börjar man med databasen eller med användargränssnittet.

Väljer man helt nya programspråk kan man behöva utbilda utvecklarna.

Har man en stor utvecklingsorganisation kan ett change-management system bli nödvändigt.

Fastän alla projekt har olikheter finns det några
grundregler/teser som är gemensamma:

1. Var inte rädd för att misslyckas. Det är naturligt och
   nödvändigt att man kommer att behöva göra omtag för
   vissa delar under projektets gång
2. Utbildning träning eller experiment är nödvändigt
3. Utvecklarna måste ha tillgång till de mest effektiva
   hjälpmedlen och få öva sig på att använda dem
4. Någon form av change-managementverktyg kommer
   troligen att bli nödvändigt om projektet är av något så
   när stor omfattning
5. Gör ett testprojekt. Kör igenom processen med bara
   ett par program. Gör ett "Proof of Concept" (PoC)
6. Arbeta stegvis – det är mycket att lära
7. Använd en lämplig process för dokumentation –
   använd gärna Wikis
8. Sätt regler och principer för processen. Till en början
   som rådgivande men senare som mer strikta direktiv
9. Utgå inte från de regler som har gällt tidigare. Försök
   tillämpa "agile development" så att bitarna bygger på
   varandra
10. Försök göra så mycket som möjligt "rätt" från början
    för att spara pengar'
11. Tänk taktiskt

Vad är en "modern" applikation?

I en modern applikation kan man genomföra förändringar på en punkt utan att få massvis med effekter och "måste göra" på andra delar. Som ett exempel ska man kunna förändra användargränssnittet utan att behöva ändra affärslogiken. Och vice versa.

Detta åstadkoms genom mindre, väl definierade komponenter som är enkla att utveckla och testa.

Här är något att se som riktlinjer för en modern applikation:

1. Utformad i skilda "lager" som delar upp systemet i separata komponenter för användargränssnitt, affärslogik och databas

2. Väldefinierad och trimmad databas

3. Flexibel kodning som gör det enkelt att koppla samman med nya gränssnitt och processer

4. Återanvändning av kod – så långt som möjligt används samma procedurer på många håll. Den ska inte "klistras" in utan användas från färdiga serviceprogram.

5. Enkelt att underhålla programkoden. Ingen duplicering. Enkla programstrukturer.

Hinder på vägen

Förutom det uppenbara med pengar och resurser finns det andra saker som kan vara i vägen för moderniseringsprocessen.

Här är några av dessa:

1. Utvecklarna har inte tillgång till rätt verktyg eller "slår sig till ro" med vad de redan kan utan att vilja ta till sig ny teknik/metod
2. Svårt att kasta loss från invanda mönster och vanor
3. Inte tillräcklig utbildning och övning
4. Uppgiften känns överväldigande
5. Orealistiska mål – tid eller omfattning. Fundera igen vad som krävs för att nå målen
6. Inte tillräckligt stöd från ledningen. Börja därför i liten skala – kan man visa resultat är det lättare att få stöd

Resan börjar

Det man ska hålla i minnet är att modernisering är en väg och inte ett mål. Man kan inte säga att nu är vi klara för evig tid!

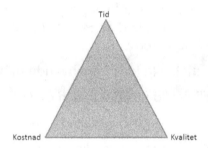

En första början

Det första man ska göra är att göra en inventering och uppriktig analys av den programvara man har. Detta behövs för att kunna ta fram en strategi för det kommande arbetet.

- Inventera centrala applikationer:
  - Syfte
    Vilket syfte – för affärsverksamheten – har systemet.
    Vilka processer stöds?
  - Intern systemägare
    Vem är den som har primärt intresse av systemet (obs inte IT!)
  - Expertis?
    Vilka personer har detaljkunskap – på "molekylnivå" om systemet?
- Gör en utvärdering enligt dessa kriterier:
  - Flexibilitet hos användargränssnittet
  - Hur enkelt det är att underhålla
  - Prestanda/Funktion
  - Hur lätt det är att integrera med andra system
  - Tillgänglig expertis
  - Värde för organisationen

- Sätt mål för moderniseringen, exempelvis:
  - Mer underhållsvänligt
  - Nytt användargränssnitt
  - Mer läsbar programkod
  - Bättre åtkomstmetoder för databasen
- Prioritera efter de uppsatta målen

När man gått igenom dessa steg kan arbetet börja. Men rita inte upp hela projektet ännu.

Arbeta stegvis.

Olika ansatser
Utbyte

Att ersätta ett gammalt system med ett annat är också en typ av modernisering. Det nya systemet kan skräddarsys eller var något "från hyllan".

Den här metoden kan vara aktuell om kostnaderna för att modernisera befintligt system blir mycket höga eller om det befintliga systemet inte fyller väsentliga krav på funktion och kvalitet. (Och förutsatt att det man byter till gör det).

Det finns många risker med detta tillvägagångssätt. Till exempel:

Det finns aldrig några garantier för att det nya systemet ger samma funktionalitet och prestanda som det gamla. Någonstans kommer det alltid att brista

Den personal som handhar det gamla systemet måste få lära sig det nya i detalj.

Hela processen för backup och återstart måste ses över och verifieras

Bygga nytt

Här finns olika grader av att bygga ett helt nytt system (med ny teknik) där man utgår från den funktionalitet och affärslogik som fanns i det gamla.

Detta kan vara en komplicerad process. Ju mer komplext och omfattande det gamla systemet är desto svårare blir det att hitta alla regler.

Byta ytan ("refacing")

Här är huvudmålet att skapa ett modernt, grafiskt användargränssnitt. Man ser det hela från ett användarperspektiv och man vill undvika att ändra den programkod som ligger under ytan.

Det kan vara ett (viktigt!) steg av flera mot en moderniserad applikation.

Det finns flera typer av "refacing":

Screen Scraping kallas det när man använder programvara som fångar upp 5250-dataströmmen och i flygande fläng gör om det till en GUI. Kan vara en bra lösning i synnerhet där man inte har tillgång till källkod. Ger däremot samma begränsningar som 5250 avseende internationalisering, skärmstorlek etc.

Open access. Här finns olika produkter som kastat loss från 5250. Man låtsas inte längre vara en terminal utan input-output går direkt till GUI. Ger många fler möjligheter och är mer flexibelt.

Fördelar med refacing

Det är enkelt och snabbt att komma igång med och ger snabbt ett tydligt och synligt resultat.

Man behöver inte (initialt) fundera så mycket över hur programkoden ser ut. Man når resultat ändå.

Bra startpunkt.

Risker

Om man stannar här och inte gör något åt programkoden har man inte gjort systemet lättare att underhålla.

Glöm inte att se över flödet mellan bilder! Detta är något som lätt glöms bort. När man slipper begränsningarna i 24x80 skärmen kanske dialogen med användaren kan förenklas och förbättras?

Se refacing som en taktisk lösning – ett steg bland flera. Det är så lätt att stanna här.

Ombyggnad

Här går man igenom systemet och förbättrar det steg för steg.

Även om man går försiktigt och metodiskt fram är det väsentligt att man har en testmetod klar så att man i slutändan kan säkerställa att gammalt och nytt system fungerar likadant.

När man använder denna metod:

För att minska tid och kostnad för underhåll av systemet

Göra programkoden lättare att läsa och förstå

Fräscha upp systemet, få det att stämma bättre med verksamhetens krav

Använda befintliga kunskaper hos utvecklare

Behålla känd plattform

Ge flexibilitet när det gäller val av användargränssnitt

En modell för projekten – olika faser

Fas 0: Förbereda

Välj den del av systemet som man ska arbeta med och bestäm hur man ska kunna mäta framstegen.

Fas 1: Experimentera

Prova olika angreppssätt

Fas 2: Utför!

Det är här man genomför arbetet och drar nytta av det man kom fram till under experimentfasen.

Fas 3: Utvärdera

Analysera det arbete som utförts. Hur ska vi kunna dra ytterligare lärdomar inför nästa grupp av funktioner/delsystem som ska moderniseras?

Fas 4: Installation "deploy"

Så snart som den nya versionen fungerar ska den sättas i drift. Varje "cykel" resulterar i korrekt fungerande programvara.

Allmänna principer

Några generella principer som kan vara till nytta under projektet. Särskilt när man måste ta ett steg tillbaka och fatta avgörande beslut.

Detta är en iterativ och inkrementell process

Iterativ därför att det totala projektet kan delas upp i delprojekt som är enklare att hantera och styra.

Inkrementell därför att man kan införa en del i taget.

Fortsätt utforska

Följ hela tiden den nya teknik som kommer ut. Det kan hända mycket på några månader. Besök seminarier och konferenser.

Det är många som driver liknande projekt. Lär av dem. Experimentera med olika metoder.

Automatisera det som kan automatiseras

Vissa uppgifter måste genomföras gång efter gång – eller massvis med gånger! Utnyttja sådana verktyg som gör grovjobbet automatiskt. I en del fall – när det saknas verktyg – kan man ändå spara tid genom att bygga verktygen själv!

Testa och testa och testa

Det är viktigt att säkerställa att man inte har förstört något som fungerade tidigare genom ändringarna i projektet.

Det finns åtskilliga testmetoder att utgå från. Här är två:

Regressionstest

Här jämför man resultatet med ett förväntat värde. En poäng är att man i detta fall inte behöver ha full kunskap om detaljerna i mellanliggande processer. Slutresultatet är allt.

Automatiserade tester på komponentnivå

Här testas en funktion i taget. Testerna kräver mer kunskap om detaljerna i funktionen. Dessa bör automatiseras så mycket som möjligt.

Analysera inte för mycket

Det är viktigt att komma igång. Överraskningar får man ta när de kommer.

"Agile"

Leverera färdigt resultat ofta (och portionsvis)

Koncentrera på programvaran mer än dokumentationen

Håll det enkelt – designmässigt

Håll kvaliteten på topp

IT och affärsverksamheten måste arbeta tillsammans

Använd alltid moderna verktyg

Sluta använd verktyg som passerat "bäst före"-datum. Det snabbar upp processen.

Bara för att man är hemvan med ett visst verktyg behöver det inte betyda att det är bättre för sitt syfte.

Fas 0 – Förbereda

Det är något organiskt över applikationer. Efterhand som de växer och förändras byggs annat på kring dem. Beroenden av olika slag skapas.

Skaffa en tydlig bild över applikationen och dess intressenter.

Bygg ett business case

Här kan man avgöra om projektet är lönsamt. Det bör innehålla följande delar

Beskriv problemet. Alla svagheter hos det nuvarande systemet. Motivera (helst kvantifierbart) värdet med ett moderniserings-projekt.

Lösning. Beskriv – på hög nivå – lösningen till problemet. Ta med:

Teknik

Föreslagen lösning (skissad)

Preliminär kostnads och tidsplan

Kort beskrivning av tillvägagångssätt

Risker. Gör en så god uppskattning som möjligt.

Vinster. Beskriv vinsterna i kvantifierbara termer. Ta med både ett pessimistiskt och ett optimistiskt scenario.

Mätetal. Definiera hur man kan mäta framsteg i projektet.

Intressenter – "stakeholders". Identifiera alla dessa. Ta med alla från utvecklare till slutanvändare och allt där emellan.

Exempel. Resultat från "proof of concept" passar väl in här.

Sätt samman ett team

Det kommer att behövas många slags kompetens i utvecklingsteamet samt en referensgrupp från användarhåll. Gör tidigt en lista och underskatta inte den tid som de olika personerna kommer att behöva ägna åt projektet!

Följande roller måste besättas:

1. Team ledare
2. Teknisk ledare
3. Expert på affärslogiken
4. Applikationsutvecklare/underhållspersonal

Sätt samman en plan

Alla detaljer går inte att förutse. Lista omedelbara åtgärder för det inledande delprojektet. Planen ska innehålla uppgifter om vad som ska levereras/installeras när den är avslutad.

Sätt samman standards och processer

Dokumentera inledningsvis vad som fungerar och vad som inte fungerar. Detta leder sedan fram till standards för utvecklingsprojekten. Revidera efter behov.

Uppfinn inte hjulet

Ta till er arbetssätt som andra lyckats med. Ert system är inte unikt!

Fas 1 – Experimentera

Detta är för att pröva och få grepp om ny teknik. Testa mycket och inse från början att mycket av det som skapas här kommer att förbli sandlådevarianter.

Proof of concept

Utnyttja testlicenser av ett flertal produkter. Ta någon enstaka funktion. Visa resultat!

Leta rätt på enkla projekt

Ta inte den mest komplexa (delen av) applikation(-en)! Det finns alltid delar som är lika viktiga för affärsverksamheten men enklare så att man snabbt kan visa på ett lyckat resultat.

Experimentera

Ändra kod, databas, användargränssnitt och arkitektur i största allmänhet. Detta kan/ska inte leda till någonting i produktion men de erfarenheter man drar blir till nytta när man går vidare.

Värdera

Under arbetets gång får man revidera många idéer som man hade från början. Annan metod? Annan prioritering??

Bestäm mätmetod

I det "riktiga" projektet måste man ha en metod för att kunna rapportera löpande resultat. Bestäm vilka mätetal det ska handla om.

Fas 2 – Utför

En utvecklingsmiljö är väsentlig för projektet. Detta så att man på inget sätt råkar störa driftsmiljön.

Se till att hela applikationen – objekt och data – kopieras till denna miljö och att utvecklingsmiljön har kapacitet nog att hantera dem.

Se också till att införa en – helst automatiserad – testmetod för kvalitetssäkring.

Skapa kunskap om detaljerna i applikationen

Samla dokumentation (så mycket som finns)

Läs programkod

Kör funktioner i "debug" för ökad förståelse

Sök: Affärslogik, samband mellan objekt, strukturdiagram och liknande. (Det finns verktyg som tar fram detta!)

Dynamisk analys. Sök "död kod" d.v.s. programslingor som aldrig utförs.

Modernisera

När miljön är klar och kartläggningen av applikationen är klar börjar arbetet. Här några steg:

Rensa programkoden. Ta bort sådant som gör det svårt att läsa.

Kodslingor som upprepas

Gör koden mer läsbar – fritt format

Rensa bort oanvända variabler och procedurer (+ subrutiner)

Rensa bort irrelevanta kommentarer

Strukturera om koden

Lägg likartad logik i återanvändbara komponenter

"Kapsla in" globala variabler

Gör subrutiner till procedurer

Ge variabler och procedurer meningsfulla, läsbara namn

Försök göra koden (mer) självdokumenterande

Paketera om

Se över strukturer med subprocedurer och moduler.

Modernisera databasen

SQL!

Testa

Kontrollera att allt fungerar som innan d.v.s. att inget "gått sönder" i tvätten.

Fas 3 – Utvärdera

Gå igenom processen och hur den fungerat. Var kritisk och beredd att revidera metoder och tillvägagångssätt för fortsättningen.

Mät!

Jämför med tidigare uppsatta mål. Rapportera och vid avvikelser ange vilka ändringar som bör göras.

Förbättra arkitekturen

Se över vad som kan göras för att optimera lösningen. Skilja presentation från logik? Annat??

Integration

Ska systemet integreras på nya sätt? SOA? Web-services? Bärbara enheter?

Ny teknik

Finns det någon ny teknik som kan användas för att förbättra systemets funktion så ta med det i det här steget. Försök alltid sikta mot väl utprovade standardlösningar.

Fas 4 – Installation "deploy"

Dags att leverera resultatet av arbetet.

Dokumentera

Den nya versionen av applikationen/funktionen kommer att skilja sig från den gamla. Skapa därför så relevant dokumentation som möjligt för underhållspersonal så väl som användare.

Hitta en modell för dokumentationen som är lätt att underhålla. Wiki, WordPress och Joomla är alternativ att titta på.

Utbilda

Man kan behöva utbilda såväl användare som supportpersonal. Troligen både och.

Definiera driftsättningsstrategi

"Big Bang"

Här sjösätts en ny version av hela systemet på en gång. Det finns risker med att göra så här och dessa måste hanteras.

Den främsta av dessa är behovet av att synkronisera ändringar i gammal och ny version med varandra.

Inkrementell

Olika bitar byts ut efterhand som de är färdiga och testade

"Evolutionär"

Går via funktionella och inte hierarkiska kriterier.
Liknar annars den föregående.

Upprepa dessa faser efter behov tills allt är färdigt.

Efterord

Först:

Tack för att du hängt med så här långt.

Jag hoppas också att jag har kunnat visa dels att IBM i är en kraftfull, ekonomisk, modern och säker plattform att bygga sina applikationer på och även att satsa sin organisations framtid på.

Jag har också försökt visa på risker och hänsynstaganden vid olika strategier när det gäller att hantera den teknikskuld som i varierande grad drabbar alla organisationer – små och stora.

Och några vinkar för hur ett moderniseringsprojekt kan se ut – det finns många sätt att genomföra sådana.

Om det bara är ett par saker som du tar med dig så hoppas jag att det är dessa:

- Det finns ingen "quick fix"! Inget nytt standardsystem eller annan plattform kommer att snabbt och smärtfritt lösa de problem som ni upplever idag. Hur man än gör kommer det att dra med sig en hel del kostnader och varierande grad av risk för hela verksamheten. Mer kostnader och större risker om man har slarvat med sin djupanalys över nuläge, funktionalitet och beroendeförhållanden.

- När det gäller plattformen IBM i – kom ihåg att den faktiskt är det säkraste, billigaste alternativet med den mest högpresterande databasen som överhuvudtaget existerar. Tänk sju varv till innan ni tänker er att göra er av med den.

- För att citera min vän Paul Touhy: "Om någon frågar dig om X går att köra på IBM i – svara JA. Allt går att köra där!"

www.ingramcontent.com/pod-product-compliance
Lightning Source LLC
LaVergne TN
LVHW022315060326
832902LV00020B/3483